平 清盛 像（六波羅蜜寺蔵）

Night Attack on the Sanj? Palace, from the Illustrated Scrolls of the Events of the Heiji Era (Heiji monogatari emaki), (detail)
Japanese Kamakura period, second half of the 13th century
Handscroll; ink and color on paper
Overall, including endpapers and jiku: 45.9 × 774.5 × 7.6cm (18 1/16 × 304 15/16 × 3 in.)
image: 41.3 × 700.3cm (16 1/4 × 275 11/16 in.)
Museum of Fine Arts, Boston
Fenollosa-Weld Collection
11.4000

上：平家納経見返絵（厳島神社蔵、便利堂提供）
左：平家納経軸装（厳島神社蔵、便利堂提供）
下：厳島神社社殿（アフロ提供）

院御所三条殿の焼き討ち（ボストン博物館蔵）　平治元年（1159）12月9日夜半、藤原信頼・源義朝らは院御所三条殿を襲って火を放ち、後白河上皇を内裏に移して二条天皇とともに幽閉した。

新・人と歴史　拡大版　01

権勢の政治家
平清盛

安田元久　著

SHIMIZUSHOIN

本書は「人と歴史」シリーズ（編集委員 小葉田淳、沼田次郎、井上智勇、堀米庸三、田村実造、護雅夫）の『平清盛』として一九七一年に、「清水新書」の『権勢の政治家・平清盛』として一九八四年に刊行したものに表記や仮名遣い等一部を改めて復刊したものです。

はしがき

平清盛は、古代末期の歴史の変革期において、その政治史のうえで主導的役割を果たした人物として、源頼朝と並んで史上有名な存在である。たしかに日本史上の政治家的人物として、もっとも有名な人物のひとりといえよう。

このような人物であるから、旧来多くの伝記や、人物評論の対象として取り上げられてきたのも当然であるが、しかし同時に、彼ほどその行動の解明のされ方が不十分なものも他に例が少ないようである。とくに戦後の二十数年来、古代末期の政治・社会・経済のあらゆる面での、歴史研究の目覚ましい進展にもかかわらず、研究の現時点をふまえての人物史の対象として、平清盛を正面から取り上げて、まとめた業績は乏しい。それは清盛の行動に解明しがたい部分が多く——それは主として信憑《しんぴょう》性の多い史料の不足によるが——また彼に対する歴史的評価が定まらないというところにおもな原因があるのではなかろうか。

そうした清盛に対する歴史的評価の困難さは、また彼がつくりあげたところの、いわゆる平氏政権の歴史的位置づけの問題とも関連する。平氏政権を古代的貴族政権のひとつとみるとき、それは古代の終焉《しゅうえん》を告げる苦悩のなかに生まれたところの独裁政権であり、また王朝国家の没落を前にして咲いたあでやかな徒花《あだばな》ともいえる。平氏政権を、武家政権と見るとき、それはまさに新しい時代の先駆者であり、中世を開く苦悩の前史をいろどる短命の政権とすることができよう。

私の考えでは、平氏政権はそのいずれの歴史的側面をももつ存在であり、そうしたひとつに割り切れない性格をもつものこそが、歴史の激動期にあらわれる政権の基本的性格であろうと思う。本文では、平氏政権および平清盛のそうした側面について考えたい。そして、はじめ院政政権を守るべき武力として台頭した平氏が、やがて清盛の時代になって、院政に抵抗する独裁権力と化する過程と、その歴史的必然性とを考えてみたいと思う。

清盛とその政権に対する評価が未だ定まらない現在、そして私としてもこの問題に強い関心をもちながら、準備不足を否定し得ない現状において、清盛についての叙述をするのは、かなりの冒険である。しかし、ひとつには旧著『平家の群像』(塙新書)において、清盛の問題を除外し、その叙述を近い将来に約束したこと、ふたつには、この「人と歴史」シリーズの編集委員と出版社との強い要望があったことにより、ここに敢えて執筆にふみきったのである。いわばひとつの試論として、清盛の政治的生涯の歴史を示したいと考える次第である。

一九七一年　九月

安田元久

目次

I

激動の時代と歴史的人物

平清盛とその時代

❖激動の一二世紀

平清盛が歴史のうえに登場して、目覚ましい活躍をしたのは、一二世紀の後半期である。より具体的にいえば、保元元年（一一五六）に起こった保元の乱のころから、治承・文治の内乱のさなかで、清盛が死期を迎えた養和元年（一一八一）までの時期である。

ところで、この日本における一二世紀という時代は、まさしく日本の歴史の激動期の一つであった。この時代の政治体制としては前世紀にはじめられた白河上皇の院政が、すでに十数年の経験を重ねながら、存続し、その専制的体制を強化しつつ次の鳥羽院政を経て、後白河院政へと受け継がれていったのである。いうまでもなく、院政という政治形態は、それ以前にみられた摂関政治を否定するとともに、古代的な国家権力の衰退化現象を克服するための、最後の砦として成立したものである。それは上皇の意志が強く政治に反映することを期待してつくりだされた政治形態であり、天皇の父としての上皇に政治的権力を集中させるものであった。したがって院政の主権者たる院＝上皇が恣意的な専制君主として政治上に君臨したのである。

ここに院政という政治形態が、古代的国家権力を擁護するための最後の砦であったと述べたが、この古代国家が八・九世紀ごろの律令体制による古代国家そのものを意味するものでないことはもちろんである。すでに一〇世紀前後から、古代国家における支配体制、とくに地方政治の側面における支配は、その経済構造の発展にともなって大きく変化していた。また律令的な租税制度は崩れ去り、しかもなお京都における皇室を中心とする貴族階級による全国支配を維持するための努力がつづけられ、新しい社会経済の進展に対応する諸法令が、格《きゃく》と呼ばれる律令の追加法令として、次々と出されていた。最近の学界では、この時代の国家体制を、古代律令的国家体制と区別して、王朝国家体制と呼ぶようになった。したがって摂関政治も、院政も、その王朝国家における政治形態とみるのが、より正確な理解といえよう。そして一二世紀は、まさにその古代的な王朝国家体制の最終段階であったのである。

またこの時代の経済体制としては、荘園体制が成熟し、すでに地方農村には広汎に在地領主の成長がみられた。この時代の中央貴族や寺社の経済的基礎の大部を占めていた荘園は、これら地方の在地領主による寄進にもとづいて成立した寄進型荘園である。そして荘園以外の土地、国家の公領ともいうべき、いわゆる国衙《こくが》領も、こうした在地領主を基底にふまえての、国司による年貢収納の機構が完成されていた。したがって、この時代の土地支配の機構は、これを総称して、荘園的土地支配機構と呼ぶことができるのである。

しかも地方に成立した、この在地領主制は荘園的土地支配体制の基礎となったばかりでなく、在地における領主的支配のなかに、農村の発展に相応した新しい要素を含んで成立したものである。地方農村における土地と農民とに対する支配、そして領主自身の土地開発にもとづく私領の集積と、その私領の耕作のための労働力の収奪などの形態のなかに、領主による封建的土地所有への萌芽が準備されていた。しかもこの在地領主こそが、武士階級の主体となったのである。すなわち、ここに成立展開した在地領主制のなかには、すでに封建的諸要因が内包され、それが古代を否定する力として伸張しようとする姿を示しはじめていたことを否定できないのである。

このように考えれば、この世紀は、日本の封建制の成立のための、準備期間であって、封建社会をつくりだす前提的な社会経済的諸関係を育成しつつあった時代といわねばならない。そしてこの世紀の後半期は、歴史が封建社会の成長を目指して運動をはじめたところの、いわば初動の時代とすることができるのである。

❖古代から中世へ

右に述べた時代の特徴について、もう少し詳しく知るために、この時代の社会の動きをみなければならない。在地領主すなわち武士たちの成長はすでに前世紀から顕著となりつつあったが、彼らの成長によって、地方農村の支配構造は、実質的に大きく変化していた。表面的な、また法的な側面では、かなり変質しながらも律令体制が残存したり、あるいは先に述べたような王朝国家体制のもとでの中央貴族の支配体制が維持されていた。しかし農村の現実は、そうした古代国家の法や、貴族による支配制度の裏面で大きく変化していったのである。現地において主体性をもちはじめた在地領主＝武士たちは、しだいに組織化されて武士団を形成しはじめた。そして源氏・平氏など下級貴族に系譜をひくところの、いわゆる「武士の棟梁《とうりょう》」のもとに、主従関係をつくりだしたのである。そして武士の棟梁は、そこに組織した地方武士たちの武力と経済力とを基礎に、武士階級の代表者として、それまで古代的貴族が独占していた政治の世界へと進出した。平清盛も、本来的にはそうした武士の代表者にほかならない。この武士の政界進出が一二世紀後半の政界における顕著な特色である。

ところで、このような武士すなわち在地領主は、まさしく地方農村のなかから成長した新しい階層であり、それは古代社会内部の新しい力であった。その新しい力が、中央貴族たちにとって大きな脅威になりつつあったことはいうまでもない。在地領主の成長は、現実に古代国家による地方支配の体制を根本から掘り崩すものであった。彼らはしばしば国司に反抗し、また年貢・所当を拒否したばかりか、武力を行使して国司の収納物を掠奪《りゃくだつ》したりした。そして貴族たちが、彼ら在地領主との妥協のもとにつくりあげた荘園体制のなかでも、もともと保有していた主体性を、いよいよ強化しようとしていた。こうした現状は、中央貴族からみれば、まさしく地方政治の紊乱《びんらん》であった。農村の新しい動きが、貴族たちには世相の乱れとしかみえなかった。

すでに前世紀から、貴族たちは「末法《まっぽう》の世」の到来を意識していたが、この世紀にはいると、いよいよ末法の世の到来が現実のものとなってきた。末法の世とは、仏教の説くところの末法思想による考えで、仏法がまったく破れた時代のことである。しかし王朝貴族たちの現実の受けとり方は、末法の世とは、彼らの支配する世界の衰える時代にほかならなかった。彼らは、世相の乱れを、そのまま仏法の衰えであると考え、それは同時に彼らの権力が衰え、その支配が動揺する現象としてとらえた。彼らにとって一二世紀の地方の現実、その政治の乱れは、まさに王法・仏法の衰えを示すものであり、いまや末法の世の到来を現実に認めねばならないことを示すものであった。この時代の貴族たちのなかには、末法の世の到来を嘆き、そのいい知れぬ不安を、日記のなかに告白しているものも多いのである。

しかし王朝貴族たちのみた世相の乱れ、そして彼らが感じた末法の世の現実は、これを歴史学的にみれば、地方の新しい動きにすぎず、社会経済の発展にともなうところの、地方農村の経済的成長にほかならない。そうした農村の成長の前に、旧《ふる》い体制を維持しようとする貴族的な政治支配が無力となるのは、歴史的必然である。こうした歴史的必然を正しく把握し得なかった王朝貴族からすれば、地方における在地領主を中心とする新しい動き、地方支配に対する抵抗は、すべて国家に対する反逆と考えられる。貴族たちは新しい動きをする人々を謀叛《むほん》の徒《と》とみたのである。

しかし、歴史の舞台では、そうした謀叛の徒たちの代表者が、しだいに中央政界における発言力を増しはじめた。それが一二世紀後半の現実であった。

一二世紀を激動の時代というのは、やがて日本の封建時代すなわち中世を担うところの、地方武士階級が、このようにして、中世的世界を生み出すための動きをはじめていたからにほかならない。一二世紀は、歴史が古代から中世へと進展する移行期の、まさに始動の時代であったのである。

❖都の武者

一二世紀後半を特徴づけるものは、武士たちのはつらつたる活躍である。そしてまた、延暦寺・園城寺・興福寺などの有力寺院が養った僧兵の顕著な動きも見逃すことができない。それはすでに一一世紀の後半から認められることではあるが、僧兵による嗷訴《ごうそ》の頻発が、武士たちに多くの活躍の機会を与えたのであり、その傾向は、この一二世紀を通じていっそう顕著になっていった。こうして武力を発揮する機会が多くなった武士たちのなかで、とくに「都の武者」として、つねに京都にあって院政の武力的基礎に利用されたものの有力者が、この世紀の後半には政界の中心に進出した。しかも、ついには政治の実権をも掌中にしたところの、平清盛のような人物が出現するのである。それゆえに、この世紀の後半は、歴史の激流が、さらにその速度を速めた時代というべきであろう。

「都の武者」というのは、京都にあって朝廷や貴族たちの警衛にあたった武士たちで、武家の棟梁をも含めて、それに従う有力な武士たちの総称である。そうした「都の武者」は、すでに一一世紀にも顕著な活躍をしているが、その摂関時代の盛時には、「都の武者」の代表的存在は、当時「天下第一の武勇の士」と称えられた源義家であり、また彼の弟の義綱・義光であった。すなわち、京都における武士の有力者としては、清和源氏、とくにその一流である河内源氏の人々がその栄誉を担っていたのであった。これに対して、一二世紀の院政時代にはいると、桓武平氏の一流といわれる伊勢平氏が頭角をあらわす。その代表者が、清盛の祖父の平正盛であった。

先にも述べたように、武士の中央進出、すなわち「都の武者」の定着の要因の一つは、僧兵の活動にあった。この僧兵の乱暴に対抗し、これを防御しうるのは、武力をもつと同時に神仏の威を恐れぬ武士でなければならなかった。新興階級たる武士たちは、学問や知識の素養がなかったばかりでなく、宮廷貴族たちのように、ただ無条件に神威や仏罰を恐れる心ももち合わせず、なかには貴族たちのもつ旧《ふる》い意識を打破しようとする強い行動力をもつものすら生まれていたと考えられる。こうした点で武士の家の人々は、貴族をはじめ京都の一般の人々と、まったく異質な存在であった。こうして僧兵に対する都の防御にはつねに武士があたるようになり、そのため、それまでの治安警衛の担当者たる検非違使《けびいし》のほかに、つねに兵力をたくわえた武士が都にいる必要が生じ、多数の武士の上洛が促進された。そしてこれらの地方武士を郎党として率いた武士の棟梁が「都の武者」の代表者として宮廷や京

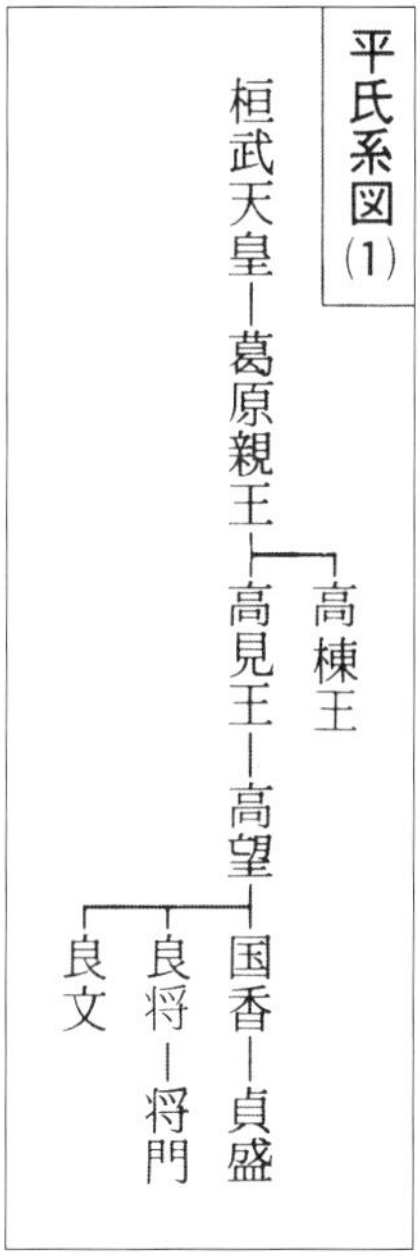

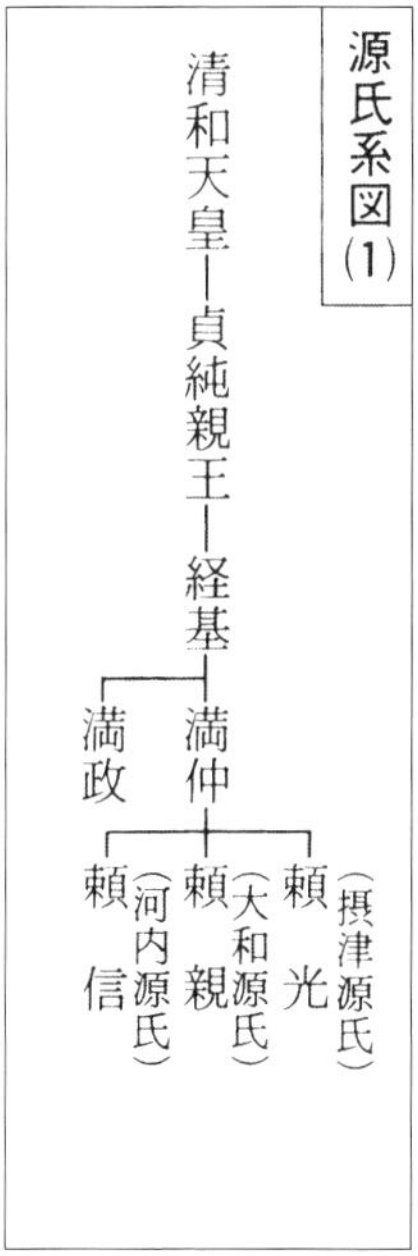

検非違使

都市内の警衛にあたる習慣が生まれていたのである。源氏といい平氏といい、いずれもこのような機能を果たす「都の武者」として存在したが、はじめは源氏に独占されていたこの地位が、やがて平氏のものとなったのであった。

天仁元年（一一〇八）三月に、延暦寺衆徒の嗷訴《ごうそ》事件があり、朝廷では例によって賀茂川に防御線をはった。それまでの例では、かかる防御の主役は源氏であったが、このときの事情を述べた、『中右記』（中御門宗忠の日記）の記事には、

公家（朝廷）の指し遣わすところの検非違使ならびに源氏、平氏、天下弓馬の士、武勇の輩《ともがら》数万人、法成寺東御原より松原辺に及ぶまで、陣を引き党を結び相守る。

とみえている。このころから平氏が源氏と肩をならべたことを示すものであろう。そしてこれ以後、正盛、忠盛と二代の間に、平氏の勢いは急速に高まり、平氏と源氏の地位が逆転するが、この忠盛の跡を継いだのが嫡子清盛であった。

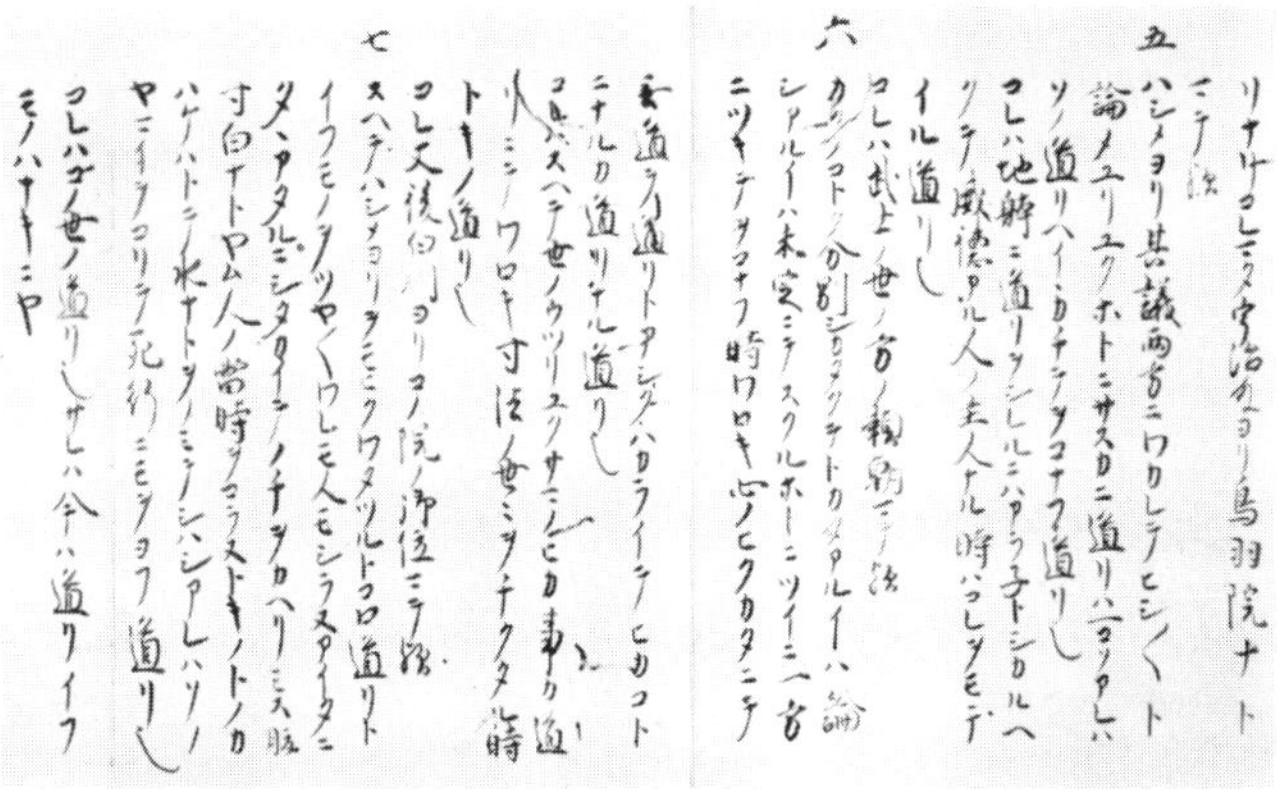

『愚管抄』（宮内庁書陵部蔵）

❖武者の世のはじまり

平清盛の出現によって、政治の実権が、はじめて武士出身者の手中にはいることとなった。この権力者清盛は、新興の地方領主層すなわち武士階級の力を基礎として、その権力の座に就いたわけである。そして清盛がその権勢の地位を築きあげるきっかけとなり、またその意味で歴史に大きな変化をもたらし、武士の時代を現出させる契機となったのは、一二世紀半ばの保元・平治の両乱であった。

一二世紀の半ば、保元の乱の前半に生まれ、一三世紀の前半に世を去った天台宗の高僧、そして歌人でもあり、またすぐれた史論家ともいうべき慈円《じえん》は、藤原摂関家の近衛基実《このえもとざね》・九条兼実《くじょうかねざね》らの弟として生まれ、やがて天台座主《ざす》になった人物であるが、彼はこの激動の時代を自ら体験し、衰えつつある摂関家の立場から、その独自の史観を著書『愚管抄』のなかに展開している。そして、その出自と成長過程における特殊性にもよるであろうが、慈円は

まさしく一二世紀後半における歴史の大転換を的確にとらえていた。彼は『愚管抄』のなかで、

保元元年七月二日、鳥羽院ウセサセ給ヒテ後、日本国ノ乱逆ト云フコトハヲコリテ後、ムサ（武者）ノ世ニナリケル也。

と述べているのである。彼のいう武者とは、宮廷貴族と比べてはるかに身分の低い、また異質のものであった。しかも彼からみれば、いかに政治権力を掌握しつくした平清盛であっても、所詮《しょせん》は武者にすぎなかった。慈円の兄、九条兼実が残した日記『玉葉《ぎょくよう》』も、この時代の重要な史料の一つであるが、この『玉葉』には、のちに清盛の死に際しての兼実の感想がみえ、

准三宮入道前太政大臣清盛は、累葉の武士の家に生まれ、勇名世をおおう。平治乱逆以後、天下之権ひとえに彼の私門に在り。

とある。清盛を武者すなわち武士出身の異端者とみていたことは明らかであろう。そして先の慈円の判断と、この兼実の感想とは、保元と平治の違いこそあれ、この両乱のころから平清盛が政界に進出し、以後、「武者の世」となったという点で、まったく一致している。

たしかに一二世紀後半は、武士階級出身者としての清盛が「天下の権」を手中にする過程であったし、まさに武者の世が現出しはじめた時代である。しかし、これは摂関家以下、斜陽の宮廷貴族からみた観測にすぎないともいえよう。なぜならば、清盛がはじめ武士階級の力を基礎として政界進出の途を開いていったとしても、所詮は、王朝国家体制のなかで貴族政治の機

構にはいって、その内部での政治的発言権を強化した、京都中心の独裁的権力者であったにすぎない。結果的には、真に武士階級の利害を代表する政権をつくりあげたわけではない。次の時代の鎌倉政権と比較するだけでも、平氏の政権が、非武家的であったことは明瞭であろう。「武者の世」になったといわれたとしても、武家政治の確立、武士社会のうえに育った封建制の成立という歴史の流れからすれば、一二世紀後半、すなわち清盛を中心とする平氏全盛の時代は、武士の時代への過渡期にすぎず、またその端緒をみせた時代にほかならないのである。

また一二世紀後半は、院政の歴史のうえでは、白河・鳥羽のいわゆる前期院政の時代が終わり、後期院政にはいった時代である。この時期に院政の担い手たる後白河上皇は、古代的貴族政権の退勢を挽回《ばんかい》せんと努力し、そのため院政の主権者の特質たる、恣意的な専制政治を推進していた。したがって、この半世紀の歴史は、専制的な院の権力保持と、平氏一門による政治権力の独占という、二つの政治上の流れが、互いにからみ合い、時には妥協し、時には対立しながら、葛藤《かっとう》をつづけた歴史でもあった。清盛の生涯を考えるとき、こうした時代背景を無視することはできない。

清盛の虚像と実像

❖清盛の悪評

平清盛ほどに有名な歴史的人物となれば、その評価についても多岐《たき》にわたり、悪評と好評とが相半ばするのが普通である。歴史上有名な人物の多くは、後世のある時期において低く評価されても、時代が変われば、また高く評価されるといった運命をもっている。清盛以後の人物のなかだけでも、源頼朝・足利尊氏・織田信長・豊臣秀吉・徳川家康など、その行動と人間性に対する評価は、これを長い時代にわたって観察するとき、褒貶《ほうへん》相半ばするとみてよい。ところが、この平清盛については、過去の古い文献においても、また昭和以後の世評においても、ほとんどかんばしくないものばかりである。もちろん、その場合、清盛の晩年における権勢にまかせた恣意《しい》的な振る舞いのみが評価の対象となっているので、あるいは当然のこととしなければならないが、そうした悪評の伝統が生まれた一つの理由として、政権を掌中にして独裁的武断政治を展開した清盛と平氏一門が、その栄華のなかで一挙に族滅してしまった事実をあげなければならない。彼の意志を継承するものもなく、またその政治的理想を再現し、復活させようとする立場のものがなかったことが、歴史的人物としての清盛の宿命を決定づけたのかもしれない。

それはともあれ、現在の日本の一般人の間でも、清盛の評判はけっして良くない。日本史の専門家の間での歴史的評価は別とし、また昭和二〇年の敗戦後に育った人々――そのなかには清盛の存在すら知らない場合もあるが――を除けば、すなわち敗戦前の歴史教育を受けた一般の人々のもつ清盛像は、不忠不義の悪人として救いようのないものとして描かれるのが普通である。

しかし清盛に対するそのような悪評は、はたして清盛についての正しい理解のうえに立っているのであろうか。一般に認識されている歴史的人物としての清盛は、まぎれもなく彼の実像なのであろうか。後世の人々の想像から生まれ、またあるなんらかの目的のために加工された結果として生まれた虚像を、評価の対象としているのではないだろうか。歴史上の諸事象や人物の行動を、いかに評価するかは、それぞれの歴史観とかかわり合う問題であって、きわめて難しいことである。そして一つの固定した立場からのみみて、善悪功罪を決定することは、客観的な学問、科学的歴史学のとるべき態度ではない。しかしその認識は現代の科学のうえでの

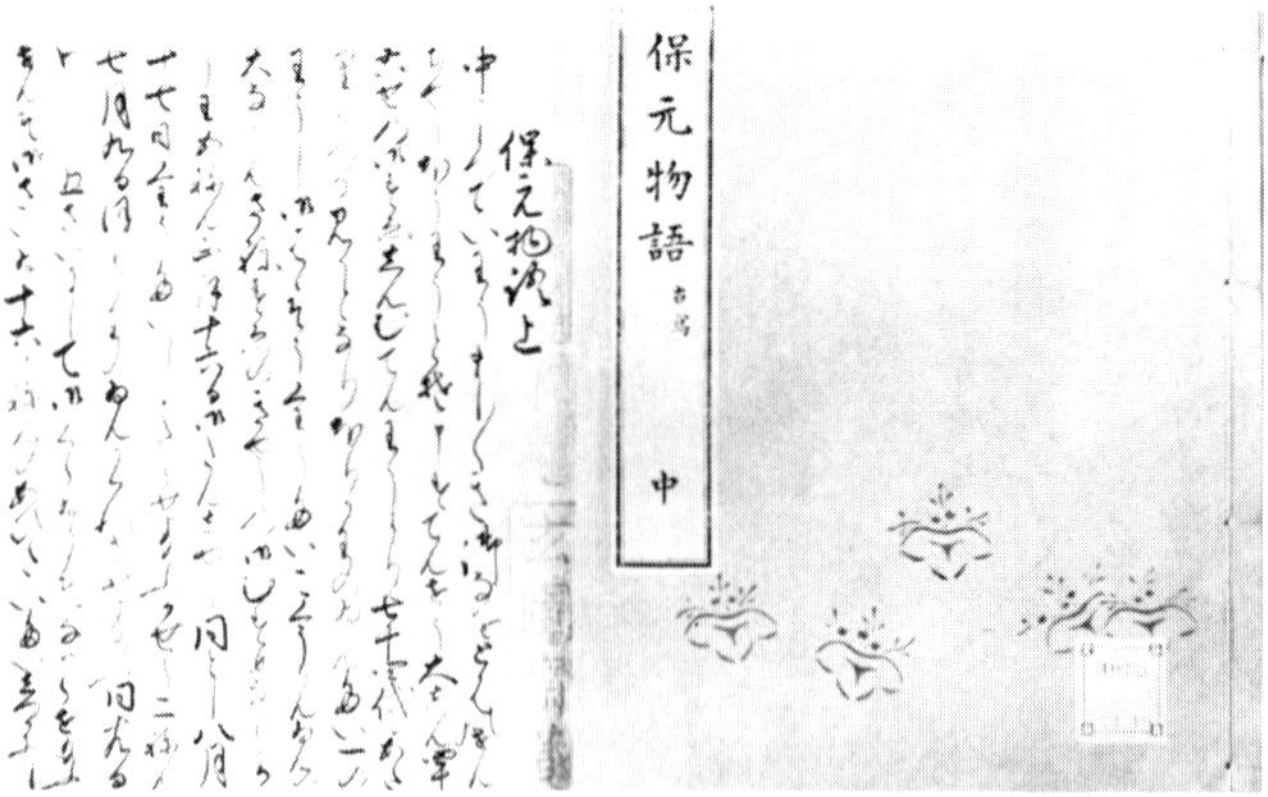

『保元物語』（静嘉堂文庫）

認識であり、過去においては歴史が善悪の評価の対象とのみ考えられた時代があったことを忘れてはならない。そのゆえに、われわれは、過去の数世紀の間に生まれてきた人物の虚像の存在も認める必要がある。清盛についても、現在、歴史上の人物として認識されている人物像が、実像なのか、虚像なのかを明確にすべきであろう。

　このように考えれば、ここに改めて清盛とその時代について述べようとするとき、実像か虚像かの判断は最終的課題として保留しながら、まずどのような経緯で、今日の一般的な清盛像が人々の知識のなかに固定したかということを問題にすべきであろう。

　そして一般的にいえば、平清盛なる人物のイメージが形成される場合、そこに大きなはたらきをしたのは、小学校以来の国史教科書であり、またその背後には江戸時代の史書が、そして文学作品たる中世以降の軍記物、すなわち『保元物語』『平治物語』『平家物語』『源平盛衰記』などが存在したのである。そしてこれらのなかには、まったく実証性を欠くところの、虚構の説も少なく

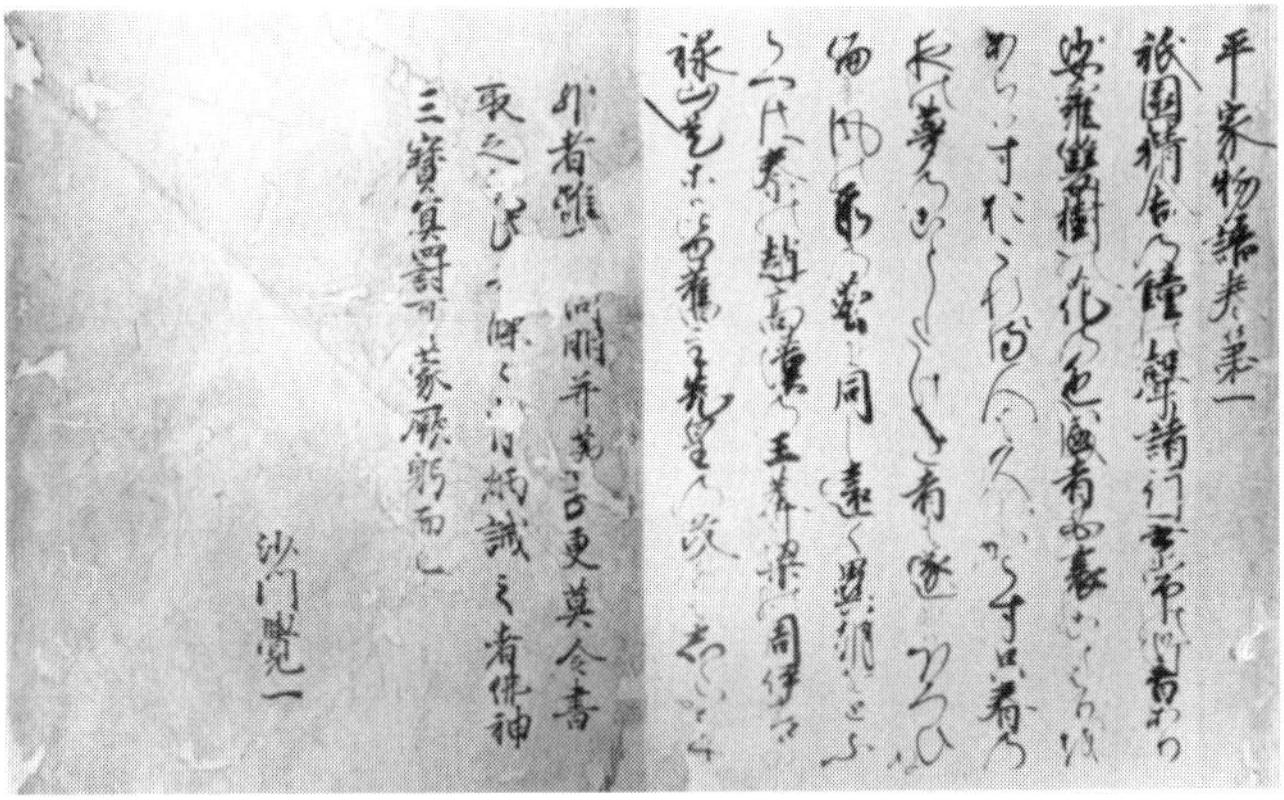

『平家物語』（竜谷大学蔵）

ないし、清盛および平氏一門の動向についても、その叙述されているところに時間的前後の混乱がはなはだしく、そこにあらわれるのは多く清盛の虚像にすぎないもののようである。

ここに私が意図するのは、そのような清盛の虚像と実像とを正確に弁別することであるが、そのためには、従来一般に理解されている清盛像が、どこから生じて来て、いかなるものとして定着しているかをあらかじめ知っておかねばならない。そこで、まず現在の一般的知識の形成ともっとも関係の深い明治以後の日本歴史の教科書について、そこでは、平清盛がいかなる人物とされているかを確かめておきたいと思う。

❖教科書における清盛

明治の後半期から、昭和初期に至るまでの間に義務教育を受けた日本人は、例外なく国定の歴史教科書を用いた。国定教科書であるから、その時代時代によって相違はあるものの、いずれの場合にも、時の政府の意図とか教育的配慮とかが、教科書の叙述内容に大きな影響を及ぼしたことはいうまでもない。したがってこの歴史教科書そのものの歴史にも、明治以後の国家の歴史が反映していることに注意すべきである。そうした国定教科書の変遷のなかで、平清盛はどのように説明されていたであろうか。

日本の教育制度のなかで、小学校歴史の国定教科書がはじめて生まれたのは明治三六年（一九〇三）のことであり、それ以前は文部省検定の教科書が用いられていた。その国定教科書以前のものは後述するとして、まず国定教科書における清盛の扱い方を示そう。

(A)第一期国定歴史教科書「小学日本歴史」（明治三六年一〇月発行）

平貞盛の子孫に忠盛というものありき。（略）その子清盛にいたりて、平氏の勢、大いに盛んになれり。

（平治の乱の後の記事）清盛はこの二度の大功により、しきりに官位を進められて、ついに太政大臣に上れり。またその子弟、一族、みな高き官位に進み、（略）世にはばかるものなく、ふるまひたり、されば、そのほしいままなるをにくむもの、あひはかりて、これを亡さんとせしことありしが、かへって清盛のために罪せられたり。これより清盛のわがままは、ますますはなはだしくなれり。されどなほ重盛の世にありし間は、そのいさめによりて、思ひとどまることもありしが、その死後、つひに後白河法皇をおしこめたてまつり、法皇に親しき人々の官職をばうばいたり。

ここでは明らかに清盛の専横のありさまが強調され、これを諫止《かんし》する立場の重盛との対比によって、清盛の専横と、法皇を幽閉《ゆうへい》するという暴逆行為とを強く印象づけようとする態度がみられる。しかしこの教科書の場合、この文章のみられる第一六章の題目は、「平清盛」となっていることに注意したい。のちになると、章の題目から平清盛の名が消えるのである。

(B)第二期国定歴史教科書「尋常小学日本歴史」（明治四二年九月）

（清盛の父祖および保元・平治両乱の説明あり）此の両度の乱によりて、久しく盛なりし源氏は全く衰え、之に反して平氏は大いに勢を得たり。

平治の乱の後、平清盛の栄達甚だ速にして、未だ十年ならずして遂に太政大臣に任ぜられたり。其の子弟一族もまたそれぞれ高き官位に上り、広き領地を有し、藤原氏に代りて栄華を極め、（略……以下(A)と同内容）

清盛の子重盛は忠孝の心の厚き人なりき。常に清盛の勢にまかせて不法なる行をなすを憂へ、しばしば之を諫めしかば、清盛も之にかえりみ、重盛の存在せる間はやや慎む所ありき。然るに不幸にして重盛は父に先だちて薨《こう》ぜしかば、清盛はもはや憚《はばか》る所なく、（略）遂には法皇さへも幽し奉るが如き横暴の行あるに至れり。

この場合、清盛の「横暴」という表現が明瞭となり、内容は(A)の場合とほぼ同様であるが、「忠孝の心厚き」重盛との対比がより顕著となり、清盛の不忠不臣が言外に表現されるに至っている。なお明治四四年一〇月に、この第二期の教科書の改訂版が出たが、「重盛の忠孝と清盛の横暴」についての記述は、ほとんど変化していない。

(C)第三期国定歴史教科書「尋常小学国史」（大正九年一〇月）

清盛は勢の盛なるにつれて、我ままのふるまひ多かりしかば、後白河上皇これをおさへんと思召せしも御心にまかせず、遂に御髪をそりたまひて法皇となりたまへり。

この教科書は右の記事につづいて、鹿ケ谷陰謀事件、すなわち法皇近臣による平氏討滅の企てが発覚したとき、清盛が大いに怒り、近臣たちを斬らんとしたのに対し、重盛がこれを諫止したこと、そしてなお怒りのやまない清盛が法皇を幽閉せんとして、一族を集め、武装して事を決行する直前に、重盛の再度の諫止があったことを、長々と説明している。そして重盛の死後に、「其の後は清盛はばかるところなく横暴をきわめ、遂に後白河法皇をおしこめたてまつれり」と述べる。またこの教科書では、その章の題目が、「平重盛」と変わり、重盛の態度を賞揚することに重点がおかれるようになった。ここに平重盛の理想像が教科書のうえに固定するが、もともと重盛の諫言の話は、『平家物語』に根拠をもつもので、重盛の虚像でないとはいいきれないのである。

(D)第四期国定歴史教科書「尋常小学国史」（昭和九年三月）

この教科書は、第三期までのものが文語体であったものを、口語体の文章に改めたものであり、章立てや内容は前のものとほとんど変わらない。したがってとくに引用する必要もないと思うが、後白河法皇幽閉の件については、

それからは、（注、重盛の死後）清盛は誰はばかるところなく、ますますわがままなふるまひをし、おそれ多くも後白河法皇をおしこめ申すやうなことをした。（傍点は筆者）

と述べている。

(E)第五期国定歴史教科書「小学国史尋常科用」（昭和一五年二月）

この教科書も、清盛・重盛の事蹟については前のものと、その記述内容がほとんど変わらない。なお(D)の場合も同じであるが、「小見出し」に「清盛のわがまま」、「清盛の不忠」などの表現がある。

(F)第六期国定歴史教科書「初等科国史」（昭和一八年二月）

清盛は朝廷に重く用いられて、六条天皇の御代には太政大臣に進み（略）、まったく平家の勢は、わづかの間に、藤原氏の全盛期をしのぐほどになりました。

思ひあがった清盛は、勢の盛んなのにまかせて、しだいにわがままをふるまうやうになり、一族のものもまた、これにならひました。ただ長男の重盛だけは、忠義の心があつく、職務にもまじめな人で、（略）

このあと、例によって重盛の諫言の説話がつづくのである。また重盛死後については、

このの ち清盛のわがままは、いよいよつのるばかりです。人々の心も、しだいに平家から離れて行きました。

この教科書では、表面立てて、「清盛の不忠」という表現はなく、「重盛の忠義」だけを強調していること、また法皇幽閉の事実を叙述していないことに注意したい。この戦争中の教科書では、歴史上の不忠の事実すらをも隠蔽《いんぺい》せんとする意図がはっきりしていた結果であろう。

❖明治前期の教科書

国定教科書における清盛像が、そのまま現在の人々の間での清盛に対する印象とつながったことは明らかであろう。それならば、これらの教科書における叙述は、どこにその実証的根拠をもったのか、またそれはいかなる歴史叙述にその系譜をひくのであろうか。そのことを追究するために、まず教科書が国定となる以前の検定教科書およびそれ以前に小学校用として編集された、いくつかの歴史書を調べてみよう。

明治三三年発行の検定教科書、普及社編集の「小学国史」には、

乱後、平氏の勢、ますます盛になり、また離するものなかりしかば、清盛はいよいよおごりをきわめ、つひには後白河法皇を、おしこめ奉らんとするに至りしが、重盛が君恩のありがたきをとき、なみだを流して諫めしによりて、わずかに思ひ止まりけり。重盛薨《こう》じて

より、清盛は、また、はばかるところなく、わがまま、益々つのりしかば（略）

とある。上述の第一・二期国定教科書と同様の記述様式である。国定教科書が、この「小学国史」の系統であったことはいうまでもない。

さらに、これより以前の、明治二六年一〇月に発行された、金港堂編輯所の編集になる「小学校用、日本歴史」には、右のものとは若干の記述上の差異はあるが、やはり重盛の諫言のことは詳しい。そして、「後白河上皇已ニ剃髪シテ法皇ト称シ給ヘルガ、深ク平氏ノ我《わ》ガ儘《まま》ヲ悪ミ給フ」「短慮粗暴ノ清盛」「清盛モト愚直ノ人ナリケレバ、之ヲ聞キ愁然トシテ怒リ折レ」などの表現がみられる。

さらに明治二一年四月発行の山縣悌三郎著「小学校用日本歴史」には、

己レ外祖ヲ以テ国ニ当ラント欲シ、勢ヲ恃《たの》ミテ

清盛疾ニヨリ薙髪《ちはつ》シテ浄海ト称ス。

是ニ至リ清盛復タ憚ル所ナク、狂暴愈々甚シク、

と、専横・驕暴《きょうぼう》、そして狂暴という形容まで与えている。しかしこの書では、保元の乱のところで、「清盛武勇ニシテ膽略《たんりゃく》アリ」と述べ、政権掌握以前の清盛には好印象を与える書き方をしている。

さらに明治二〇年五月出版の、辻敬之・福地復一合著「小学校用歴史」では、

其ノ勢焰益々熾《さかん》ニシテ、天下ノ政事一ニ其ノ手ニ出テ、淫刑濫賞頗《すこぶる》多シ。内大臣重盛、資性忠恪《ちゅうかく》、沈毅《ちんき》ニシテ度量アリ。父清盛驕侈《きょうし》甚シ。重盛日夜憂懼《ゆうく》シ、屢々《たびたび》諫争スレトモ悛《あらた》メス。

天皇（注　高倉天皇）亦常ニ清盛ノ専恣ヲ悪《にく》ミ、法皇ノ幽閉ヲ憂ヒ、遂ニ位ヲ譲ル。

とある。

また明治三一年一月発行の学海指針社編「新選帝国史談」にも、

清盛の権勢いよいよ加はり、終に朝廷の賞罰をも、心のままに振舞ひ、其甚しきは、後白河法皇を、鳥羽の宮に移しまつらんとせり。

重盛の薨ぜし後、清盛は暴行いよいよつのり、遂に法皇を押し込め奉るに至りしかば、天皇深く之をなげきて、俄《にわか》に御位を下させられ、（略）

などとある。

教科書の検討を詳細にしすぎたきらいはあるが、以上をみて明らかなように、明治以後の教科書では、一貫して清盛が専横・驕暴な人物としてあらわれている。悪逆の人としての清盛が一般大衆の心に定着したのは当然のことであろう。

❖明治初期の史書

ところで、これらの教科書の内容は、とくに教科書であるがゆえに独創されたものではない。これらは明治初期における歴史認識のなかに、不動のものとして形成されていたのである。明治九年九月発行の棚谷元善編『国史攬要《らんよう》』という書物は、歴代天皇の世代ごとに分類して、編年体で日本史を叙述したものであるが、この書物でも、清盛による法皇幽閉計画と重盛による再度の諫止に関する説話が述べられ、「清盛の驕恣」が強調されている。またその説話以外にも、

嘉応元年、是ヨリ先、清盛西八条ノ第ヲ造リ、土木ヲ窮極《きゅうきょく》シ、又別荘ヲ福原ニ興ス。威権益々熾ンニ　朝廷ノ賞罰、ミナ其喜怒ニ出ツ。上皇稍々之《しだいに》ヲ悪ム、然レドモ制スル能ハス、是ニ至リテ遂ニ薙髪《ていはつ》シテ清盛ニ媚《へつら》フ、清盛大ニ喜フ。

などといった記述がある。重盛の諫止に関する説話が、必ずしも史実と考えられないことは後章に詳述するが、この明治初期の歴史叙述は、きわめて非実証的・非合理的であったことを、いまさらながら痛感せざるをえない。それは、近代的歴史学が成立する以前のことであるから、歴史物語と、実証的歴史との区別すら明確ではなかったのである。

ただそうしたなかで、田口卯吉の『日本開化小史』は、一つの例外といえよう。彼は歴史の

記述法について、編年体・記事体を排し、史論体（一定の立場から社会全体の変遷を推論する叙述形態）をとり、しかも正偽曲直を問題にするのではなく、史上の事象の相互関係を、「因果の理法」によって説明するにとどまる、という立場をとる。したがって『日本開化小史』では、とくに清盛の功罪を論議することなどはなく、ただ平氏の専権について、次のように述べるにとどまっている。

平氏は武夫の心を得たる家柄にて、其力を以て政権を得たりしかば、其勢一時烈火の如く、生殺与奪の権も全く之に帰す。六十余州の内、半ばその所有となるに至れり。是に於て夫の文弱なるまめ男、優さ男、みやび男、色ごのみの男なんどを、朝廷より追ひ降し、遠流し、死刑にし、同族の子弟を以て其官職を継がしめ、終には法皇を幽閉し、天皇を降し奉るの所業あるに至れり。

この文章には宮廷貴族の立場が平氏の前に崩壊する必然性を語りかけるものがあると同時に、法皇の幽閉、天皇の降位という事実を示すのみで、その行為に対する正邪の判断を極力抑えようとするところがみられる。たしかに田口卯吉の史論は、当時としては特異のものであった。しかし彼がこのような史論を展開する基礎となった歴史知識、すなわち歴史事実についての認識は、もちろん現在のような実証に支えられた事実認識ではなく、彼が生きた明治初年におけるそれである。いうまでもなく江戸時代以来の学者のなかに定着している歴史知識にほかならない。史論体という新しい歴史叙述に、歴史学の近代化の方向は認められるが、彼自身の歴史知識そのものは、同時代の他の学者たちの水準と大差はない。彼らのすべてが江戸時代の歴史学（?）の伝統を受け継いでいたのである。そして上述の『国史擥要』のごときものが、その伝統の直接の継承者であり、『日本開化小史』がその異論であったが、明治初期の歴史学者の大勢が前者にあり、その流れが歴史の国定教科書につながったのである。

❖一般的清盛像の形成

こうしてわれわれの意識のなかに与えられた清盛は、横暴・驕慢《きょうまん》にして悪業をきわめた人物となる。しかし、その全部が虚像とはいえないにしても、ここに生まれた清盛像は、多分に言葉のうえでの修飾が加わり、忠君愛国の思想を基礎とする論難の集積のなかで、実際以上の悪逆無道の人物像が形成されていることは疑問の余地がない。

たしかに清盛による独裁的専制政治が一時期行われたことは事実である。上皇を中心として朝廷貴族たちの間で、彼の行動を横暴・驕恣とみる観察が、しだいに強くなったことも否定できない。とくに法皇の幽閉は、清盛のクーデターの結果であるから、反平氏陣営の人々から激しく非難されたに相異ない。しかしそうした行動のすべては、歴史的・社会的背景との総合のうえで判断しなければならず、善悪の判断とは別の、歴史的事実として受けとらねばならない。

ところが、明治時代以前の歴史観は、こうした立場とはまったく逆の、主として儒教倫理にもとづくところの、観善懲悪主義《かんぜんちょうあく》が中心であり、いわゆる歴史事実に筆誅《ひっちゅう》を加えることを目的としていた。そうした歴史叙述のなかで、上述のような清盛像が形成され成長したのである。そして明治以後の歴史書の主流における論調を調べると、この清盛に関する限りは、江戸時代の歴史書、とくに林羅山《らざん》・鵞峯《がほう》父子の筆になる『本朝通鑑』、頼山陽の『日本外史』そして水戸藩編纂の『大日本史』にその論述の源流を求めることができる。とくに重盛の諫言の説話を中心に、清盛と重盛とを対比する手法は、その記述の長短疎密の差はあっても、これらの書はいずれも同様である。

また高倉天皇の譲位に関しては、『日本外史』に、

（治承）四年二月、帝、皇太子に禅位す。世、其の清盛の意に出ずることを称す也。

とあり、『大日本史』には、

四年、清盛皇太子を奉じて、位に即かしむ。是れを安徳天皇となす。上皇、尚春秋に富み、亦他故《たこ》あるに非ず。而して、にわかに位を去りしかば、人、その専恣を悪めり。

という。要するに高倉天皇の譲位は清盛の恣意によるものとするのである。それはたしかに事実かも知れないが、この記述がやがてさらに展開して、先にいくつか例示したように、高倉天皇が清盛の専横を憎んで退位したことになった。これもあるいは事実かも知れないが、高倉天

皇は、実はその即位も清盛の力によるものである。そのことをいわずに譲位の事情だけを述べ、そこに清盛の驕恣のみを強調するのはおかしい。当時、清盛の専制的権力が、それほど強くなっていた事実をのみ知ればよいはずである。

ところで、これら江戸時代の史書の史料的原典は何か。『大日本史』は、その記述の原拠となる文献を、詳細に掲げているので、清盛に関する記述の原典も明らかであるが、そこには『平家物語』『源平盛衰記』があげられている。現在では、これらの戦記文学が史料的に低い価値しかもっていないことが常識化しているが、江戸時代には、これらが十分に史料として通用していたのであった。そして『大日本史』以外についても、清盛に関する記述の大部分は、これらの文学作品によったことが明らかである。これらの作品のなかでは、反対勢力によって打倒された清盛、したがって滅びる運命をもち、またそれにふさわしいだけの悪行を重ねた晩年の清盛の姿が強調されているのであるから、それによって形成された清盛の行動と人間が、どのようなかたちであらわれるかは明らかであろう。

また、江戸時代の史書としては、若干特殊な立場で、実証的・合理的に歴史をみようとした新井白石の『読史余論』は、とくに清盛の専横を強調することをしていないが、なかに『神皇正統記』の高倉天皇の条に、

清盛いよいよ悪行をのみなしければ、主上ふかくなげかせ給ひ、俄に遜位《そんい》のことありしも

世をいとはせましましけるゆゑとぞ。

とあるのを、肯定的に引用している。この『神皇正統記』は、北畠親房が南朝の後村上天皇のために、皇位継承の正当な道理を説かんとして書いたものである。そこに天皇・朝廷の立場からの清盛批判があるのは当然であろう。

江戸時代の史書が、これらの文献のほか、『玉葉』および『愚管抄』などを利用したことは当然考えられるし、また清盛の末期については『吾妻鏡』も参考にしたであろう。しかし前二者は、もっとも強く成り上がり者の平氏に反発していた藤原摂関家の立場のものであり、後者は平氏を打倒した源頼朝が創始した鎌倉幕府の手によって編纂されたものである。そこには清盛の虚像をつくりあげる要素が、いくらでも発見できるのである。

こうしてできた現在の清盛像のうち、いったいどこまでが虚像なのであろうか。そして彼の実像はいかなる姿をしていたか。清盛に関しては、上にあげた諸文献のほかは、当時の貴族たちの日記に若干の史料があり、また『保暦間記』『百錬抄』などの編纂物があるにすぎない。歴史の流れのなかでの、決定的敗者であった清盛について、豊富な史料を求めるのは無理であろう。それゆえにわれわれは、これらの諸文献・諸史料を使いながら、またその時代全体の動きのなかから清盛の実像を洞察していかねばならないのである。

Ⅱ

伊勢平氏

伊勢平氏の系譜

❖清盛と平氏系図

平清盛は忠盛の嫡子として生まれた。そして忠盛は伊勢平氏の嫡流とされている。伊勢平氏というのは伊勢・伊賀地方に本拠をもつ在地武士の一族で、一〇・一一世紀のころから、この地方に勢力を伸ばし、忠盛の父正盛の時代に、中央に頭角をあらわしてきたものである。

平氏というのは、平安時代初期に皇族賜姓によって平《たいら》の姓を賜ったことから成立した家々で、桓武《かんむ》平氏・仁明《にんみょう》平氏・文徳《もんとく》平氏・光孝《こうこう》平氏の四流がある。このうち子孫が繁栄して歴史上に大きな活躍をしたのが桓武平氏で、とくにそのなかで、桓武天皇の皇子葛原《かつはら》親王の孫高望《たかもち》にはじまる一流が、もっとも有名である。一〇世紀の前半、関東を舞台に大規模な反乱を起こした平将門《まさかど》も、またこの乱を平定して功績をあげた平貞盛も、ともにこの高望流の桓武平氏であった。そして伊勢平氏は、この貞盛の第四子維衡《これひら》にはじまるといわれ、系図のうえでは維衡の曾孫が正盛となる。

　正盛が中央政界に頭角をあらわしたのは、一一世紀の末ごろであったが、彼は、はじめから伊勢平氏の嫡流を称し、世間でもこれを疑わなかった。

　正盛が伊勢・伊賀地方出身の平氏であったことは確かなことであって、その点からみれば正盛を伊勢平氏と称することは誤りではない。しかし伊勢平氏正盛が、系譜的にまさしく桓武平氏の貞盛に直結したものか否かについては、現在に残る系図がこれを示すにとどまり、実証的に確実な史料をもって証明することはできず、そこにはかなりの疑問が残っている。

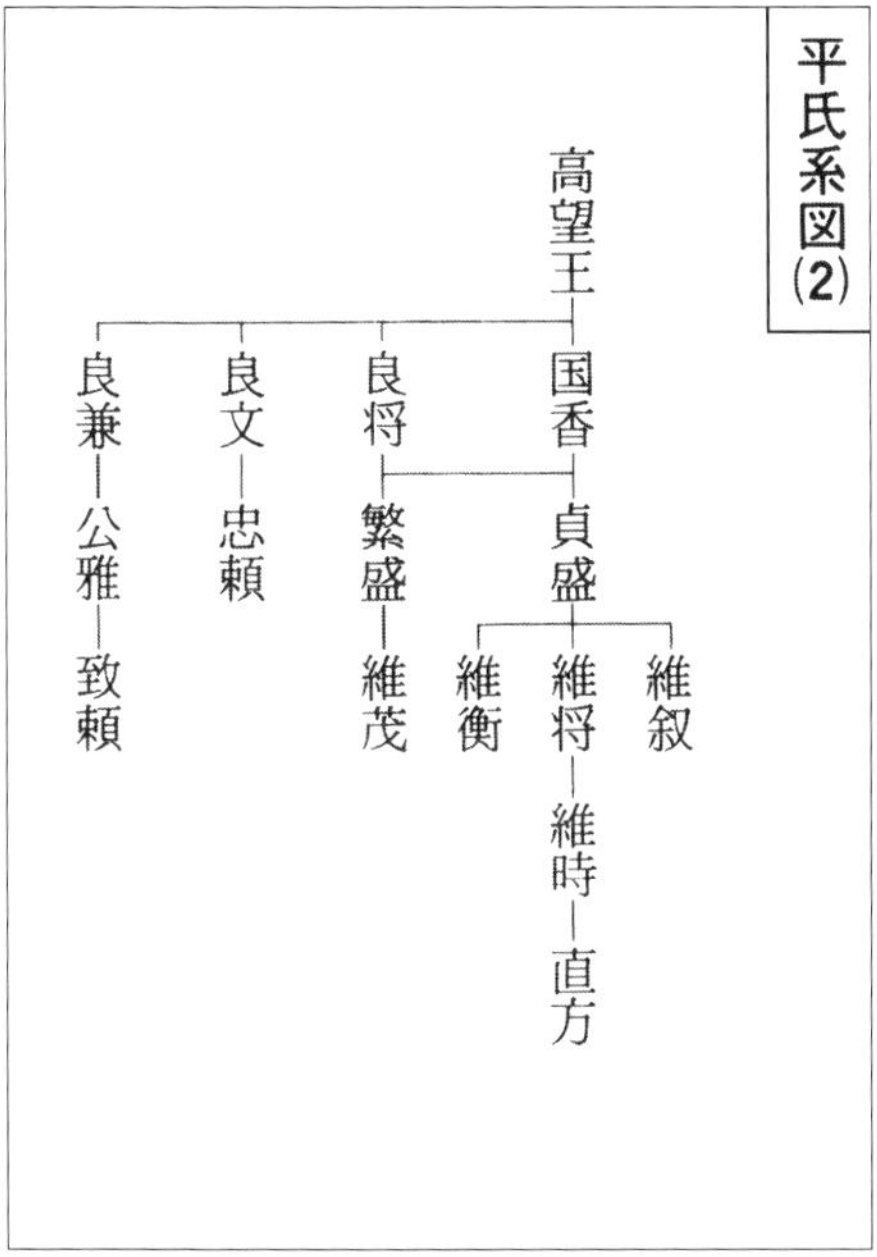

平氏系図(2)

　系図は後世に偽作することもできるし、正盛あるいは忠盛の時代に適当につくりあげたとする可能性もある。「平氏系図」はいくつかあり、どれがもっとも成立が古く、また正しい根拠をもつかはわからないが、清盛に至るまでの系図は、だいたいにおいて諸系図が一致し、現在では『尊卑分脈《そんぴぶんみゃく》』に収められている平氏系図がもっとも良いものとされているようである。しかし『尊卑分脈』のなかでは平氏系図がもっとも不完全で、重復や誤謬《ごびゅう》が多いので、疑問をもてば限りがない。

ただしこの平氏系図における正盛の家系を否定する積極的史料がないことも事実で、そのために系図をまったく否定することもできない。したがって今は一応、この平氏系図によって、清盛の祖先をみてゆき、まず伊勢平氏がいかにして在地に勢威をはり、やがて中央の京都に進出する素地をつくっていったかを考えておきたい。

❖平維衡

伊勢平氏の祖といわれる平維衡は、一〇世紀から一一世紀にかけて活躍した人物である。『尊卑分脈』によれば、維衡は貞盛の第四子となるが、『今昔物語』のなかに維衡に関する説話があり、それによれば、かれは貞盛の孫となっている。あるいは、貞盛が実際に孫であった維衡を、養子としたのかもしれない。維衡の実在性は疑問の余地がなく、また平氏では、貞盛の次の世代あたりに、維将・維叙《これのぶ》・維時・維茂など「維」の字を共通する人々の存在が、史料的にも、また系図のうえでも確認できるので、維衡もまたそうした人々と同様に、貞盛と関係深い人物であったことは、信じうると思う。

ところで、この貞盛はそれまでの桓武平氏一門とともに、東国に深い関係をもった人物であったが、伊勢国とはなんらの因縁もない。それなのに維衡がなにゆえに伊勢国に本拠をもったのであろうか。これまでの説によると、維衡が寛弘三年（一〇〇六）に伊勢守となったことから、この地との関係ができたとされるが、彼の伊勢守は、後述するように在任わずか二か月であって、とうていそのようなことは考えられない。しかも維衡と伊勢国との関係は、それ以前からあったことが認められる。長徳四年（九九八）のころ、すでに彼は伊勢国に根拠地をもっていたのである。なぜならば、この年に、伊勢国神郡にいた維衡が、平致頼《ともより》という人物と合戦し、罪を得たという事実があるからである。そうすると、おそらく維衡と伊勢国との関係は、彼の母がこの地方の豪族の女であったことによるものであろう。彼と戦った致頼も桓武平氏の一流であり、彼らはともに伊勢地方で活躍していたに相異ない、一〇世紀末ごろの伊勢地方に、桓武平氏の系譜をもつ一族が深い関係をもっていたものといえよう。寛弘三年に維衡が伊勢守に推挙されたとき、かつてこの国で事件を起こした人物であるという理由で、その任官に強い批判があり、そのため彼はまもなく解官されたのである。以上のことを考えれば、維衡とその子孫が伊勢地方に地盤を拡げたきっかけが、維衡の伊勢守任官にあるのではないことは明らかで、この一族と伊勢地方との関係は、それ以前に遡るものであった。

そして大江匡房《まさふさ》の『本朝往生伝』によれば、この伊勢平氏の維衡・致頼は、清和源氏の満

平氏系図(3)

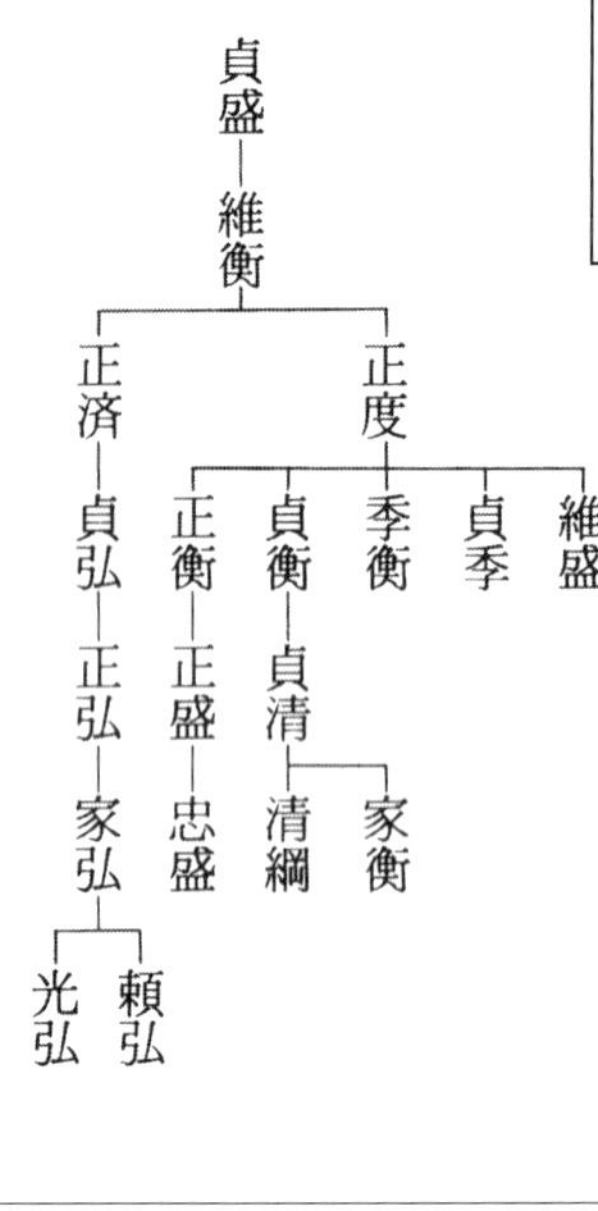

仲・頼光・頼信らとともに、世にすぐれた武士として喧伝《けんでん》されていたことが明らかである。彼らはその武力を誇って、多くの人々をひきつれ、伊勢国を舞台に合戦を繰り返していたものであろう。

しかし維衡の伊勢守任官のことからもわかるように、彼は一方では京都における下級貴族の一員でもあった。それは、彼が貞盛の子であったからにほかならないと思う。維衡はその後も、長和二年（一〇一三）のころには上野介《こうずけのすけ》、治安三年（一〇二三）のころに常陸介《ひたちのすけ》と、東国の受領《ずりょう》を歴任している。

上野国も常陸国も、親王任国といって、国の守《かみ》には親王が任ぜられてその俸禄をうけ、介《すけ》が実質的な国の長官であった国々である。維衡はこれらの国々の介を歴任したのであるが、それもおそらくは遥任《ようにん》の国司であって、彼自身は現地におもむかず、京都に留まり、むしろその本拠地たる伊勢国における勢威の拡張に努力していたようである。

❖伊勢平氏の武士団

維衡には正度《まさのり》・正済《まさなり》の二子があった。この正度については、長元四年（一〇三一）のころ、先に維衡と戦った平致頼の子の致経《まさつね》との間に私闘を繰り返している記録が残っている。その記録によれば、正度は安房守平正輔《まさすけ》なるものとともに致経に合戦を挑み、両者の間に多くの戦死者を出し、また「民烟多く焼亡」したという。長元年間といえば、東国を舞台とする平忠常の乱の最中である。この戦乱で、忠常のために国を追われた安房守の後任として正輔がこれに任ぜられたが、彼は伊勢国において致経のために妨害され、赴任することができなかったものと思われる。この正輔は系図にみえないので、正確なことはわからないが、当時の記録から推《お》すと、彼も維衡の子か、あるいは維衡に近い関係のものであったらしい。それはともあれこの合戦は維衡・正度と致頼・致経の父子二代にわたる抗争を示すものであって、それは伊勢地方に本拠をもつ地方豪族の間の勢力争いにほかならない。そしてこの抗争は、致経の死によって結末がつくのであるが、ここに伊勢国における維衡系の平氏の地位が安定し、いわゆる伊勢平氏の武士団が形成されたのである。

これ以後、維衡流の伊勢平氏は、伊勢国から伊賀国にかけて発展し、さらに尾張国にまでその勢力を広げたらしい。正度の子貞衡は安濃津《あのつ》三郎と名乗り、その子貞清も安濃津を称し、さらに貞清の長子家衡は鷲尾太郎、次子清綱は桑名二郎とか富津二郎とか呼ばれた。安濃津・桑名・鷲尾など、いずれも伊勢国の地名である。貞衡の子孫は、それぞれの本拠地の地名を苗字として名乗り、その苗字や通称を長く受け継いだのであった。彼らがその本拠地におもな所領をもったことはいうまでもない。

系図のうえでは、正度に数人の男子があるが、伊勢国内の地名を名乗っていたことが明らかなのは、この貞衡の系統のみである。そのことから考えると、貞衡こそが維衡・正度の嫡流を継いだものであって、他は系図上に作為された結合であるか、あるいは庶流として伊勢国以外の地に発展したものかもしれない。系図のうえで、平清盛の曾祖父となる平正衡も、正度の男子の一人であるが、彼も正度の嫡系を継いだものとは考えられない、後述する平正盛の所領の所在地などから推せば、おそらくこの家は伊賀地方に発展した一庶流であったであろう。

なお、正度の弟の正済の系統も、伊勢平氏を構成する有力な家であった。正済のあと貞弘・正弘とつづくが、この正弘は伊勢国の大井田御厨《みくりや》・笠間御厨・石川御厨・富津御厨などをその所領としていた。そして正弘の子の家弘は、のちの保元の乱に際し、崇徳上皇方の有力な武力となっている。正済の系統が、伊勢平氏の武士団の有力な構成員であったことは明らかであろう。

要するに、正度・正済、そして貞衡の時代に、彼らが伊勢を中心とする地方に、それぞれの根拠地をもって、同族的武士団を形成していたことは明らかである。彼らが、それぞれの本拠地に主たる所領をもったことはいうまでもないが、同時にその勢力範囲たる農村の間に生まれた在地武士を支配下に入れ、そこにいわゆる伊勢平氏の武士団を形成しはじめていた。一二世紀後半に、平氏の家人《けにん》として名が残る伊藤景綱は伊勢国度会《わたらい》郡の住人であり、また同じ平家家人の山田伊行《これゆき》は、伊賀国山田の住人であった。こうした地方武士が平氏の家人となっていることは、伊勢平氏が、伊勢・伊賀地方の在地武士たちを組織して、一つの地方武士団をつくりあげていたことを意味するのである。

❖伊勢平氏の発展

伊勢平氏の勢力圏たる伊勢国は、元来、大神宮領の多いところであり、また伊賀国は古くから、東大寺が多くの所領をもっていた地方である。在地の有力豪族として、伊勢平氏一門がその勢力の発展をはかり、領有地を拡大するためには、これらの神領や寺領を侵略しなければならない。東大寺や伊勢神宮と平氏との間には、土地の領有をめぐっての相論《そうろん》が頻発《ひんぱつ》しているが、それは平氏がその勢力の発展のために、実力行使による神宮領・東大寺領の蚕食《さんしょく》をすすめていたことを示している。

こうして一一世紀前半における伊勢平氏、すなわち正度・正済、あるいは貞衡の時代の伊勢平氏の発展は確かめられるのであるが、この時期は、かつて桓武平氏の地盤とみられていた東国が、忠常の乱を契機として源氏の支配下におかれるに至った時代であり、東国地方の平氏の地盤はほとんど失われていた。したがって桓武平氏の一流たる伊勢平氏が、その勢力下においていた伊勢地方が、平氏の地盤として脚光を浴びはじめたし、同時に伊勢平氏が武士の家としての平氏の主流とみられる傾向が生まれたものと推定される。

また武勇の名の高かった平貞盛の嫡流として、中央の京都にあって武名を得ていた一流も、平直方が忠常の乱の鎮定に失敗したころから、都の武者としての地位を源氏に譲り、その勢力が衰えていた。この世紀の前半から中期にかけて、都の武者として武勇の名をあげていたのは、河内源氏といわれる源頼信・頼義・義家の三代にわたる武勇の人々である。彼ら源氏は、摂関政治の最盛期以来、摂関家と結びつき、その爪牙《そうが》として活躍していた。そのころ、都における武門としての平氏の評価は、わずかに維衡以来の伊勢平氏のうえにのみ保たれていたといえよう。こうして維衡の流れをくむ伊勢平氏が、武門平氏の代表的存在となりはじめたのである。

一一世紀後半になって、伊勢平氏でいえば正度の孫の世代となると、この一族はいっそうの発展を示した。彼らは伊勢・伊賀地方に勢力を拡大するばかりでなく、その武士団を率いて京都にも進出していた。当時の京都では、市中の警備にあたるものとして、検非違使が活躍していたが、それには多く地方出身の武士たちが任命された。伊勢平氏一門の人々も、そうした下級官僚として京都で活躍する機会をもつようになっていたのである。

しかも応徳三年（一〇八六）に白河天皇が退位して、院政を開始すると、かつて摂関政治のもとで隆盛をきわめた源氏がようやく凋落《ちょうらく》しはじめ、都ではこれに代わるべき武力が期待されるようになってきた。とくに院政の主たる白河上皇は、積極的に摂関家の武力たる源氏を排除し、これに対抗し、また院政権を守るための新しい武力をつくりあげることに努力しはじめた。こうして源氏一門の武力と対称される平氏一門の武力の主流として、伊勢平氏が台頭する条件が形成されていたのである。

この一一世紀末において、中央政界に頭角をあらわしてきたのが清盛の祖父平正盛であった。彼は白河上皇に接近することによって、巧みに武門としての地位を築きあげたのであるが、彼自身、いつのころからか伊勢平氏の嫡流と自称し、また実際に伊勢平氏の中心の地位を獲得したのであった。

しかし系図によれば、正盛の父平正衡は、先の正度の末子ということになっている。先述のように、伊勢平氏維衡の嫡流は、おそらく正度・貞衡とつづく家系であろうし、また正度と正衡の父子関係は、『尊卑分脈』その他の系図にみられる以外に、これを実証する史料は皆無である。系図による両者の父子関係には若干の疑問が残る。そればかりか、正衡と正盛の父子関係も、系図以外にこれを証明するものがなく、系図上の作為を疑う余地も多分に残されている。

正盛が維衡の嫡流につながるものでないことは、ほぼ確かであろう。

しかし、伊勢平氏のなかで、正衡という人物が実在したことは、今日それを示す史料が残っているので、疑うことはできない。すなわち承保二年（一〇七五）のころ、正衡が東寺の末寺で伊勢国にある法雲寺を、延暦寺の別院なりと称して、その所領荘園を押妨《おうぼう》し、濫行《らんぎょう》に及んだため、東寺が延暦寺を訴えるという事件が起こった。この事件で延暦寺の弁明を求めるために出された官宣旨が現存するのである。これによれば、正衡が延暦寺となんらかの関係をもち、伊勢地方で活躍していたことが明らかである。その官宣旨に、正衡は東寺の使者を責め侮り、所領荘園を損亡させたとあるから、現地で武力をもった有力在地武士であったことは確かであろう。

この唯一の史料から推測して、正衡という人物は、世代的には正盛の父としても不合理ではない。しかし、この史料のみでは、正衡がどこに本拠地をもったかわからず、その所領の存在も明らかでない。正盛が伊賀国に所領をもっていたことは明瞭な事実であるが、その所領がはたして正衡から伝領したものであるか否かは不明であって、所領相伝の関係から両者の父子関係を証明することもできない。正衡の実在は認められるにしても、彼と正度、そして彼と正盛の結びつきが、はたして平氏系図のとおりであるかは疑わしい。どうも系図のうえでの、後代の作為が感ぜられてならないのである。しかし積極的に系図を否定するだけの根拠がないことも、また事実である。

ともあれ、系図のうえに多くの疑問が残るというものの、一一世紀末ごろに平正盛が、伊勢平氏の中心的人物で、伊勢・伊賀の在地武士団を背後に率いながら、京都に進出していた存在であったことは、明らかな事実である。

正盛・忠盛の活躍

❖白河上皇と正盛

平正盛が、都においてて名をあらわしはじめたのは一一世紀も終末に近いころであった。そのころ、「天下第一武勇の士」と称揚され、一世を風靡《ふうび》した武将源義家も、ようやく晩年を迎えていた。しかも源氏一門は、白河上皇の源氏抑制策により、一族内部の紛争や、義家の嫡子義親の叛乱などが積み重なって、急激にその勢威を失いつつあった。それでも義家は、承徳二年(一〇九八)に院の昇殿を許され、位も正四位下に至り、中央貴族社会でかなり名誉ある地位を保っていた。

これに対し、その同時期の正盛は、すでに中央政府の官職を得ていたとはいうものの、それは隠岐守《おきのかみ》にすぎず、ほとんど目立たない存在であった。受領とはいえ、隠岐守では経済的に有利な条件がほとんどない。しかし彼はこのころから白河上皇の側近に奉仕し、立身の機会を求めていた。彼は上皇から認められるために有効な手段をとることも忘れなかったのである。すなわち、正盛は永長二年（一〇九七）に、その私領たる伊賀国鞆田《ともだ》村・山田村の田畠・屋敷あわせて二十町余を六條院に寄進したが、このことが正盛を上皇に接近させる大きなきっかけとなったといわれている。六條院というのは、はじめ白河上皇の第一皇女郁芳《いくほう》門院媞子《ていし》の御所であった六條殿が、女院の死後、その菩提所《ぼだいしょ》とされたものである。この菩提所の御料のため、正盛がその私領を寄進したのであるから、そのことによって上皇が側近の正盛にいっそうの関心をもつに至ったことは当然考えられるであろう。

白河法皇

　正盛の私領が、この鞆田村・山田村のほか、どこにどれだけあったかは不明である。しかしこの伊賀国の所領が、彼の本拠地のものであったとすれば、彼は伊勢平氏の傍系で伊賀に進出していた家に出自をもつとしなければならない。その点は確言しえないが、とにかくこの所領寄進の事実から、彼が伊賀国に私領をもつ武士的な在地領主であったことは明らかとなる。この時代の地方武士が、一般にそうした私領を有する在地領主であったことはいうまでもないが、彼ら在地領主層の私領の領有は、法的にきわめて不安定なものであり、しかも私領の多くは寺社領・国衙領などを侵して、その事実的領有を実現したものが多かった。そこで彼ら在地領主たちは、その私領の保全をはかるために、権門勢家に形式的な土地寄進を行い、その保護を受けるという方法をとるのが普通であった。その際に、実際の領主権を自己の側に保留したまま、権門勢家などをその土地の上級領有権者として設定し、そこに若干の年貢を寄進することによって、名目上はその所領を権門勢家の荘園とするわけである。こうした地方の有力な在地領主による荘園寄進は、一一・二世紀にとくに盛行したものといわれている。正盛が六條院に私領を寄進したというのも、この荘園寄進にほかならず、正盛としては、一面では院の歓心を求めるという目的もあったであろうが、基本的には自己の所領の安全のため、六條院に寄進し、六條院領として法的な承認を得る方途をとったにすぎないのである。

それはともあれ、この所領寄進は、正盛に大きな成果をもたらした。彼はまもなく若狭《わかさ》守となり、さらに因幡《いなば》守に転じた。しだいに収益の大きい国の受領に転任したわけである。もちろん遥任《ようにん》の国司であるから、彼自身は京都にあって、上皇の側近に祗候《しこう》し、上皇の警衛の役を果たしながら、上皇との結びつきをさらに強めていった。

❖源義親の追討

摂関家の武力であった源氏の勢力を抑制することを考えた上皇は、一方では、源氏の武力に対抗し、また院政権を守るべき武力をつくりだす必要を認めていた。上皇は義家に代わるべき「都の武者」の代表者を求めていた。そしてその院政を守るべき「武者」として、正盛の姿が上皇の意中に大きく浮かび上がった。上皇としては正盛がそれにふさわしいだけの武名をあげる機会の来るのを待っていたと思われる。そして、やがてその絶好の機会となったのが源義親追討であった。

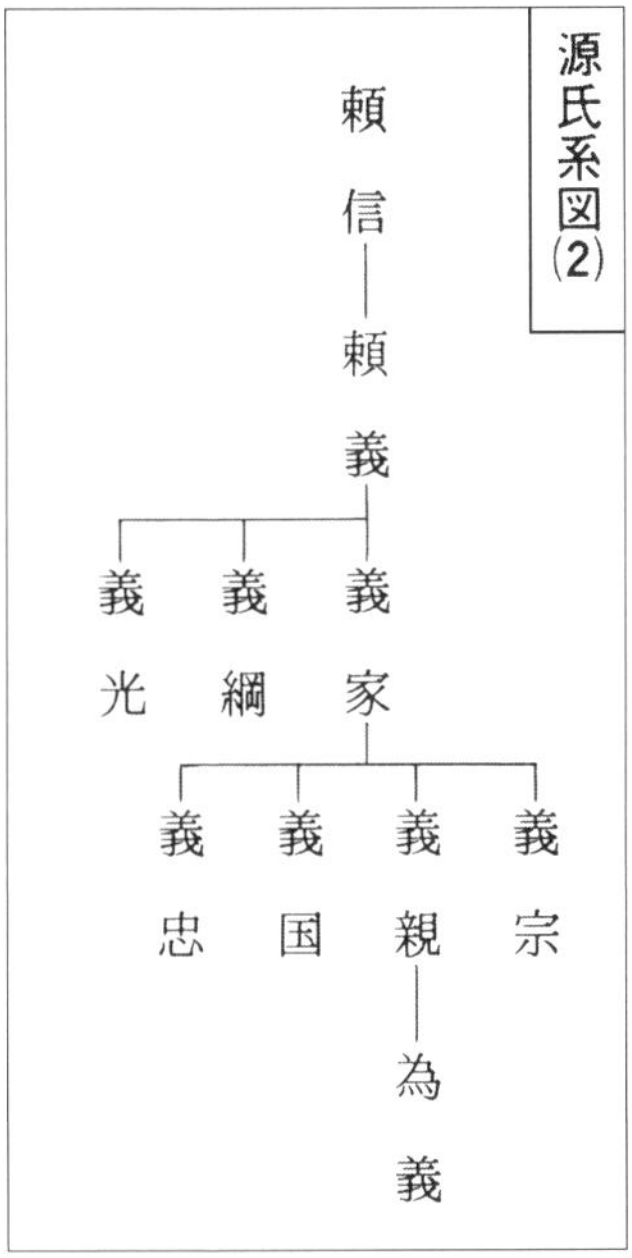

源義親は義家の嫡流を継ぐ身であり、対馬《つしま》守として九州にいたが、大宰府の命令に従わず、九州を横行して人民を誅求《ちゅうきゅう》し、乱暴をきわめた。そのため康和三年（一一〇一）七月、ときの大宰大弐大江匡房の告発により、朝廷から追討されるに至った。朝廷では官使とともに義家の郎等を派遣して、義親を追捕《ついぶ》せんとしたが、義親はかえって、その郎等を味方

に引き入れ、官使を殺害してしまった。そして翌年の末になって、義親は隠岐への流罪と決したが、彼はこれに従わず九州から山陰道に移り、出雲国で目代を殺害し、官物を押領し、公然と国家権力への反抗を示した。朝廷では、義親の召喚を父の義家に命じたが、成功しなかったため、ついに武力による追討を義家に命じた。義家は自分の嫡子を追討するという苦境に立ったのである。しかし、それからまもなく、嘉承元年（一一〇六）七月に義家が死去したため、義家による追討のことは実現せず、代わって平正盛が義親追討の大役を引き受けることとなった。当時、義親は勇猛の名をほしいままにした武将である。これを追討することは、正盛にとって、武名をあげる絶好の機会でもあった。

　正盛が追討の命令を受けたのは、嘉承二年（一一〇七）一二月のことである。直ちに出発した正盛は、翌年の正月に、はやくも追討に成功したことを京都に報告してきた。このことが伝えられると、京都では直ちに院の評議が開かれ、正盛が義親の首をたずさえて帰京するのも待たずに論功行賞を急いでいる。このことだけをもっても、院当局が正盛に対して特別な扱いをしていたことがわかる。そして正盛は追討を果たした功によって、但馬《たじま》守に昇任することとなった。そのころ、諸国のなかでも但馬国は、条件のもっともよい第一等の大国である。その国の受領となることは、それだけの経済的収益が期待される。そのため正盛の但馬守昇任については、さすがに貴族たちの間にも批判が起こっている。権《ごん》中納言中御門《なかみかど》宗忠は、その日記の

『中右記』に、「賞が行われるのは当然であるが、身分の低い正盛が一挙に第一国の国守に任ぜられるのは、上皇の殊寵があるためだ。これについて、とやかく言うわけにもいかないが、上皇の身辺に候ずる正盛な、まさに天が幸を与えている人とでも言う可きであろう」、と述べている。上皇による殊寵《しゅちょう》と、それによって立身しはじめた正盛の幸運を、貴族の批判的な、冷たい眼で眺めている様子がくみ取れるであろう。またこの記述から、院当局がいかに特殊な便宜を与えて、正盛の武功をことさらに高く評価し、これを世間に印象づけようとしていたかも明らかとなる。まだ正盛自身が帰京せず、義親の首をみて追討の事実を確認することのないまま、ただ追討成功の報告だけで、ここまですすめてしまうのは、誰の眼にも、やや急ぎすぎるようにみえた。しかし院当局としては、世間の批判をかえりみることもせず、正盛の武功の賞揚を急ぎたかった。なぜなら、院政権の爪牙となる「武者」をつくる必要にせまられている院当局は、この追討事件を利用して、正盛を抜擢《ばってき》することに懸命であったからである。そして早く恩賞を決定して、正盛が都に凱旋するときの劇的効果をいっそう高めたいと考えたからではなかろうか。とにかく、このように早手まわしの論功行賞は、それまでほとんど例をみなかったものである。

❖作為の武名

このような上皇以下院当局者たちの意向を受けて、正盛自身も、その武名を高めることに努めた。彼は都に凱旋したとき、ことさらに多数の郎等以下の兵士たちを率いて、その武士団の威容を都の人々に誇示したのであった。そしてこれまでの宣伝の効果も大きく、都の上下はこの新しい英雄の都入りを熱狂して迎えた。正盛が義親の首をたずさえて入京したのは正月二九日、その日、『中右記』には、その光景が次のように描写されている。

見物の上下の車馬、道をさしはさみ、凡《およ》そ京中の男女、道路に盈満《えいまん》す。人々狂うが如し。

都をあげての熱狂のさまがうかがえるであろう。京都の人々は、ここに新しい「都の武者」の代表者、新しい英雄的武将が登場したものと受けとったのである。上皇や正盛の演出がみごとに成功したものともいえよう。この時の正盛の得意のさまが思いやられるが、結果的には、まさにこの時点で、のちの平氏の栄達への途が開けたものとしても過言ではあるまい。

しかし、こうした正盛の行動と武功、恩賞と名誉との裏に、宣伝と策動の力があったことは否定できない。そのことは当時の人々の間にも何か割り切れぬものとして、大きな陰を残していたようである。都の人々は、一時の興奮から覚めたとき、それまでほとんど武功をあげたことのない正盛が、勇猛の名の高い義親を、はたして討伐しえたかどうかという疑問を抱きはじめ、なかには義親の生存を信じようとする空気も流れていた。こうして義親生存説は、これ以後十数年の間、根強く残り、義親が出現したという噂が何回か出たり、ときには二人の義親が京都にあらわれたというような奇怪な事件が起こったりした。しかし、もちろんこれらは単なる噂にすぎず、なんらの確証もない。正盛による義親追討の実否は、人々の疑いのなかにも、永久に不明のまま残されたのである。

それはともあれ、世間の疑惑とはかかわりなく、この武功を契機として正盛の地位は上昇した。上皇の策謀と演出とがみごとに成功し、作為による武名が喧伝されて、正盛の幸運を開いたといえよう。相対的に源氏は、その勢いを急激に失っていったのである。

上皇の信任を得た正盛の前途はまったく順調で、その後は武功をあらわす機会も多くなり、その結果として正盛の官位も昇進した。永久元年（一一一三）四月に延暦寺の僧徒が蜂起した際に正盛はその防御に任じ、次いで元永二年（一一一九）五月には京都を横行する盗賊を捕らえ、その功によって正五位に叙され、さらに同じ年の一二月には鎮西の賊徒平直澄を追討して従四位下にすすんでいる。

また正盛はこのように武功をあげたばかりでなく、さかんに上皇の崇仏上の事業をも後援して、上皇の歓心を得ることに努めた。先に彼が若狭守に任ぜられたのも、上皇の御願寺たる尊勝寺の曼陀羅《まんだら》堂を建立した功によるものであったが、さらに天永元年（一一一〇）一〇月には

白河陵

賀茂・石清水両社の造塔の功によって但馬守から丹後守に転じ、永久二年（一一一四）には白河の阿弥陀堂を造営して備前守に重任されている。こうした堂塔の造営は正盛の経済力の大きさを示すが、その功によって諸国の受領を歴任すれば、それによって彼の財力はさらに増大するわけである。
現在確かめられる正盛の受領歴任のあとは、隠岐・若狭・因幡・但馬・丹後・備前・讃岐《さぬき》の諸国にわたるが、それらはすべて西国であり、彼がこれら西国諸国に深い関係をもったことが知られる。正盛は国司在任中に経済力の増大をはかったばかりでなく、任地における地方武士との間に、新しく私的な主従関係をつくりあげ、これらの地方に平氏の勢力圏を広げた。この西国の勢力圏は、やがて正盛の嫡子忠盛に受け継がれ、さらに拡大されて次の清盛に継承されたのである。
このように白河上皇の引き立てで、武者の代表者の地位を得た正盛であるが、この時代には武士出身者として昇進しうるのは、せいぜい諸国の守までで、位も従四位を先途《せんど》としていた。正盛の武名は都でも高く評価されたが、正盛は院の側近に祇候する北面の武士にすぎず、また異例の出世とはいえ、中級貴族たる受領の仲間にすぎなかった。しかし彼の時代に伊勢平氏の武力と経済力とが急激に増大したことはいうまでもないであろう。

正盛の死期は、正確にはわからない。保安元年（一一二〇）以後、二・三年の間に死去したものと思われるが、保安元年とすれば、孫の清盛が数え年で三歳のときであった。

❖鳥羽院政と忠盛

正盛によってつくられた平氏の武名は、忠盛の代になっていっそう高まった。忠盛の時代すなわち一二世紀も中期になろうとする時期には、南都・北嶺の僧兵の行動はいよいよ激しくなり、また南海・西海地方の海賊の動きが活発となり、忠盛らが武力を行使する機会も多くなった。僧兵の嗷訴《ごうそ》に対する防御や、海賊追討のための武力として、正盛の時代はまだ必ずしも平氏ばかりでなく、源氏一門の武力も並んで用いられたが、忠盛の時代には、それがほとんど平氏の独占するところとなっていた。

また忠盛が活躍した時代は、すでに白河院政が終わり、鳥羽院政の時代となっていた。白河法皇が世を去ったのは大治四年（一一二九）のことであるから、忠盛が父正盛の跡を継いだ時期は、まだ白河院政の時代で、忠盛もはじめは白河院のもとに仕えたわけである。ところが鳥羽院政がはじまると、この鳥羽上皇が白河法皇の晩年における独裁的専制政治に強い反感をもち、また批判的であったことの当然の結果として、この院政のもとでは前時代を否定する政治体制や政策がうち出された。そして、かつての白河院側近の権臣の多くが、退けられたのである。

鳥羽天皇

そうしたなかで、平忠盛だけは、前代に重用されていたにもかかわらず、鳥羽上皇の信任が厚く、依然として院近臣の地位を失わなかった。その理由の一つは、もはや平氏に代わるべき武力がなかったため、鳥羽上皇としてもこれを遠ざけることができなかったという点にあるであろう。そしてまた一つには、忠盛という人物が要領よく政界を泳ぎまわった結果でもあると考えられている。この政界における処世の要領のよさは、忠盛の子清盛にも受け継がれていて、はなはだ興味あることといえよう。

さて忠盛に対する鳥羽上皇の信用は、かつての正盛と白河上皇の場合より以上に強いものであり、忠盛のたびたびの武功と、武士階級そのものの地位の向上という一般的傾

鳥羽陵

向とあいまって、忠盛の官位もしだいに上昇した。

長承元年（一一三二）のこと、当時備前守であった忠盛は、上皇の御殿になる得長寿院の造営の功により但馬守となり、さらに、内《うち》の昇殿を許されるに至った。内の昇殿は上級貴族のみがもつ特権である。貴族たちは、当時正四位下であった忠盛の昇殿について、「未曾有《みぞう》の事なり」と非難しているが、武勇の家としてその地位を確固たるものとしていた平氏が、その隠然たる経済力に支えられ、また上皇の強引ともいえる庇護《ひご》のもとで、そこまで昇進する途は、すでに開かれていたのである。中央政界に進出し、上級貴族の仲間入りを果たした忠盛に対する、そのような非難は、所詮《しょせん》、官廷貴族たちの時代認識の欠除を暴露するにすぎないものであった。

『平家物語』に、豊明節会《とよのあかりのせちえ》の夜に昇殿した忠盛を殿上で闇打ちする計画があったが、銀箔を塗った木太刀を抜いてみせた忠盛の奇知によって、貴族たちは恐れおののき、忠

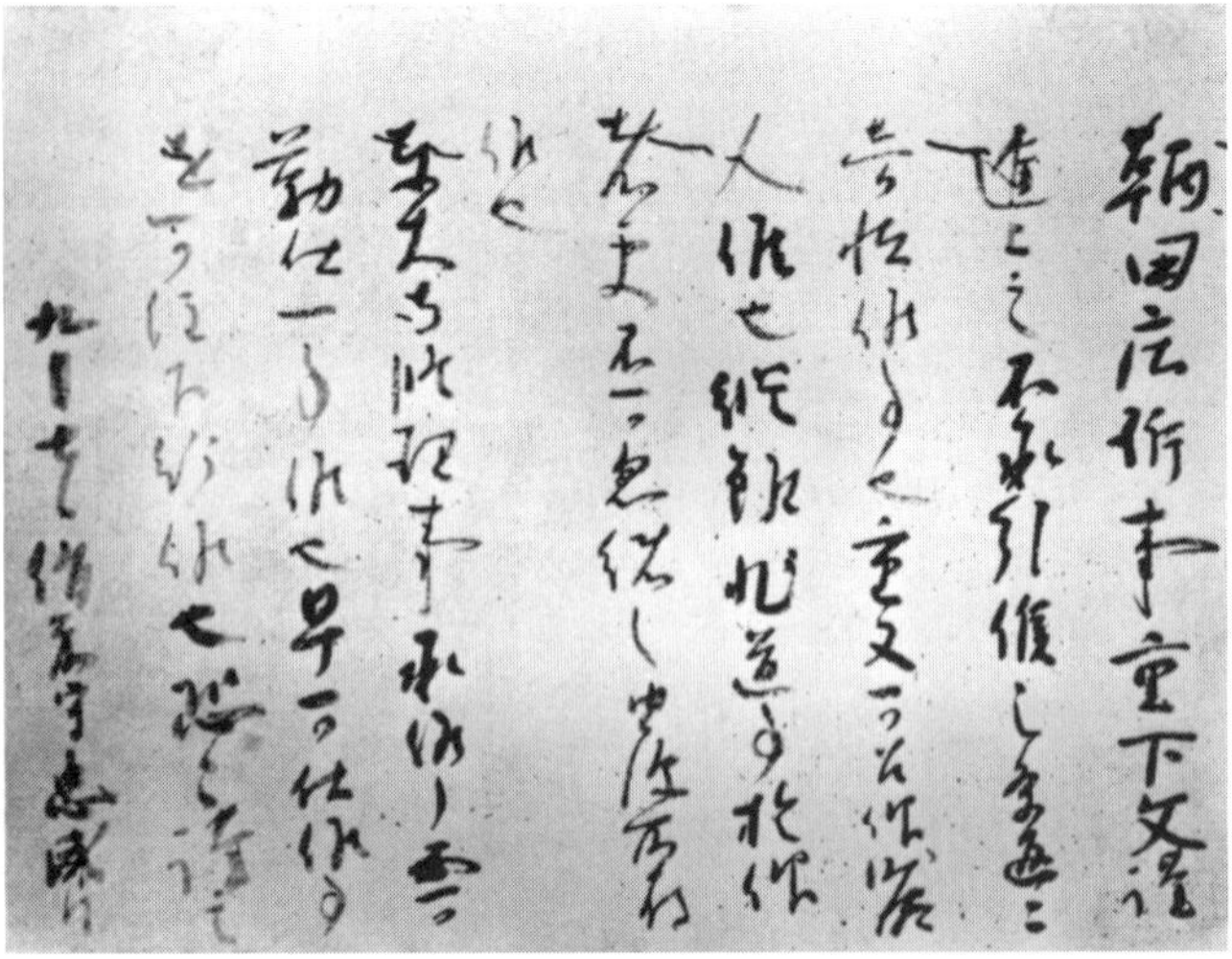

平忠盛自筆書状

盛は難をまぬかれた話がある。また忠盛が殿上において、「伊勢の瓶子《へいし》（平氏）は甕《すがめ》（眇《すがめ》）なりけり」と嘲笑された話もある。そして人々は成り上がり者に対するそねみから、こうした態度をとったといわれる。これらの話が事実であるかどうか疑わしいが、このころの忠盛の立場をよく物語る説話といえよう。

旧来の貴族たちは、武士をあくまでも貴族の従者・侍としか考えない。伊勢・伊賀地方の在地武士から成り上がり、その侍階級の代表者となったにすぎない忠盛が、たとえ上皇の引き立てがあっても、貴族たち自身の仲間にはいることには、強い抵抗を感じたのである。

忠盛の官位は、その後もさらに進み、久安五年（一一四九）には正四位上に叙され、ついで美作《みまさか》守から播磨守となり、さらに刑部《ぎょうぶ》卿にまでなった。

❖忠盛の武力

こうした忠盛の栄達が、その武力と財力を背景としたものであることはいうまでもない。忠盛は父正盛の場合とは異なり、若いころから武勇を世に示した。『長秋記』『殿暦《でんりゃく》』に、永久元年（一一一三）三月のこと、忠盛が検非違使として、夏焼大夫という盗賊を討ち取ったことがみえる。これは忠盛が一八歳のときであった。彼はまた、そのころから僧兵の鎮圧などに、父正盛とともに武功をあげていたようであるが、必ずしも正確な記録は残っていない。そして忠盛二八歳の保安四年（一一二三）一〇月に、彼は越前守となったが、これはこの年の七月に延暦寺の僧兵を鎮圧した功によるものであった。しかし忠盛の武功は、このような僧兵の鎮圧、京都の防衛のみではなく、むしろ南海・西海地方の賊徒討伐のうえに残されている。

大治四年（一一二九）、山陽・南海両道に凶賊が数十艘の船をつらねて横行し、官物を掠奪して猛威を振るい、両道の国司たちもその勢いを恐れて追捕することができないというありさまであった。そこで中央政府は、その海賊の追捕を忠盛に命じた。

この時代の海賊とは、瀬戸内海沿岸地方に成長した在地武士たちであって、国司の命令に従わずに各地を横行するために、中央政府からは凶賊とみられたものである。したがってこうした地方の武士勢力を討伐するには、それ以上に優勢な武力を必要とする。忠盛が追討使に任命されたことは、彼の武力が強大であったことを示すとともに、平氏の勢力がすでに西海地方にかなり侵透しているという客観的条件があったことを意味するのである。

この時の追討の結果は、記録に残らないので明らかでないが、忠盛はさらに保延元年（一一三五）にも西海の海賊追討に成功している。この際には、かなり詳細な記録が残っているが、はじめ海賊蜂起の報が京都に伝わると、関白邸において追討使の人選について評議が行われ、平忠盛・源為義のいずれを起用すべきかの論議が行われている。『長秋記』によれば、このとき多くの人々は、「忠盛は西海に有勢の聞こえあり」との理由で忠盛を支持したという。また『中右記』には、この人選に関して、鳥羽上皇も「為義を遣わさば路次の国々自ら滅亡するか、忠盛朝臣宜しかる可し」との意見を示されたことが述べられている。これらの意見の内容からみて、武将としての忠盛が上皇以下公卿たちに信頼されていた様子がみえるが、同時にこれらの発言内容は当時の海賊追討の実態を示すものである。すなわち、その地方に勢力をもつものを派遣することによって、大きな抵抗もなく鎮圧することを期待するものであり、逆にその地方に無縁の武将を出せば、抵抗が大きく、かえって混乱を増し、「路次の国々が滅亡する」恐れすらあったといえるのである。ここに比較されている忠盛・為義は、たんにその個人的性格においてではなく、西海地方に有勢であるか否かが選択の条件となっていたといえよう。

こうして追討に向かった忠盛は、その年の八月、賊首日高禅師をはじめ七〇人の海賊を捕らえて京都に帰還した。この時も京都の人々はこぞってその凱旋の様子を見物したが、かつての正盛による義親追討の場合と同じように、奇怪なことが多かったという。忠盛もまた正盛のように、自己宣伝に努め、ことさらに武威を誇示したと思われるのである。

『中右記』によれば、帰京の日、忠盛は日高禅師以下おもだったものを検非違使に引き渡したが、残りの賊は間道から都に入れたという。そしてそのために、彼が捕らえてきたものの多くは本当の賊ではなく、西国地方の武士で忠盛の家人となっていないものを、捕虜の賊に仕立てて、捕虜の数の多いことを誇示したのではないかという評判が、その日のうちに広まるというありさまであったとも述べられている。当時の都の人々が賊と呼ぶものと、地方に成長した武士との区別は、もともとはなはだあいまいではあるが、それにしても忠盛が武功を誇るため、人々を多く駆り集めた疑いは残るのである。しかし忠盛が家人でないものを賊に仕立てるには、それを強制しうる力を必要とし、それ相応に彼の家人である在地武士がこの地方に多く存在しなければならない。忠盛がこの地方に有勢であることは、まさに事実であったといえよう。

❖平氏の勢力圏の拡大

この大規模な海賊蜂起について、朝廷は忠盛を追討使に任命することにより、その鎮圧に成功し、表面上は朝廷すなわち中央政府の権威を示すことができた。したがって世間の評判とはかかわりなく、海賊追討の恩賞が行われた。とくに注意すべきは、このとき追討の功により忠盛の嫡子清盛が従四位下に昇叙されたことであろう。

ところで、こうした海賊追討によって、形式的には朝廷の権威の発現に成功したとはいえ、実際上は、朝廷が忠盛と西国地方の在地武士との間の私的な支配関係・主従関係をつくりあげ、これを強化させる機会を与えたことになる。こうした海賊追討という任務のなかで、忠盛は、ますます西国地方に勢力をはり、その経済的地盤を拡大するわけである。経済的地盤の拡大といえば、忠盛が父正盛と同じく、武功や堂塔造営の功によって、諸国の受領を歴任したことも、その点に大きく寄与した。忠盛の受領歴任のあとは、伯耆《ほうき》・越前・備前・美作・播磨の諸国にわたるが、そのほとんどが父正盛の場合と同様に西国の諸国である。平氏の勢力圏が西国においていよいよ拡大し、その支配権が強化したことが想像される。

またこれに加えて、平氏による宋貿易の利益の独占のことがある。この海賊追討の二年ほど前に宋の商船が来着したことがあるが、このとき忠盛は上皇の院宣があると称して、宋船がもたらした財物を収奪してしまったという記録がある。そのことの実否は別としても、このころ、忠盛が宋貿易の利に注目して、さかんに財力を蓄積したことは事実であろう。そして宋貿易の利を独占することができたのも、忠盛が瀬戸内海一帯を制圧するだけの勢力を有していたからにほかならない。

こうして平氏は、忠盛の時代に西国地方の支配をほぼ確立したらしい。忠盛が西国地方の在地領主たちを支配下に収めるということは、彼がこの地方の武士団を大きく統合して、武士たちの棟梁の地位に就くことを意味する。忠盛は西国に有勢なる武将として、西国武士の多くを家人として武士団の統合をすすめていたに相異ない。しかし忠盛をはじめとする平氏一門による在地武士の家人化の過程や、西国における武士団統合の事情を示す史料は、ほとんど残っていないので、それらの点についてては、これを明らかにすることはできない。

それはともあれ、こうした武力と財力と、そして鳥羽上皇の信任とに支えられて、忠盛は一躍中央政界に台頭したのであった。そして正四位上刑部卿となり、また内の昇殿を許された忠盛は仁平三年（一一五三）に死去した。時の左大臣藤原頼長は、忠盛の死を惜しんで、その日記『宇槐記抄』に、「数国の吏を経て富巨万を累《かさ》ね、奴僕国に満ち、武威人にすぐ。しかれども人となり恭倹にして、いまだかつて奢侈の行あらず。時人これを惜む」と評している。忠盛の晩年の富と勢力とが非常なものであったことがわかるし、また彼が人格的にも高く評価されるに至ったことも知られるであろう。そしてこの平氏の強大な経済力と西国地方に培《つちか》われた地盤とを、そのまま継承したのが平清盛である。のちに清盛によって平氏政権を樹立するに至った基礎は、まさにこの忠盛の時代までに準備されていたのであった。

Ⅲ

武門の貴公子

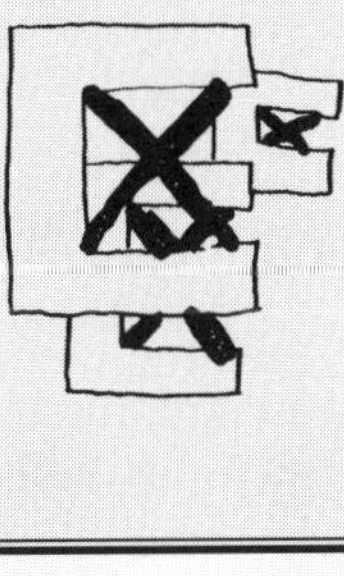

平清盛の出生

❖清盛出生をめぐる疑問

平清盛の出生については、古くから種々の説がある。いずれも憶説であって、確定的な結論はなく、清盛の出生の事情については、まさに疑問につつまれているといわざるをえない。

しかし清盛が元永元年（一一一八）に、平忠盛の長子として生まれたことだけは確かである。このとき、父忠盛は二三歳、そして祖父正盛の晩年であった。清盛の幼年期に正盛が死に、平氏は忠盛の時代にはいるわけである。

さてここまでは問題ないが、忠盛の子として生まれた清盛が、実は白河法皇の落胤《らくいん》であるという説が、古くからかなりの信憑《しんぴょう》性をにおわせながら伝えられている。Ｉ章に引用した明治初期の歴史教科書、辻・福地共著「小学校用歴史」（明治二〇年）にも、

忠盛ノ妻ハ白河帝ノ宮人ナリ、帝出シテ之ヲ賜フ、後、男清盛ヲ生ム、或ハ曰ク清盛実ハ

平清盛（曼殊院蔵）

白河帝ノ皇子ナルヘシト。

と述べられ、断定はしていないが、そうした説が広まっていたことを明らかにしている。また棚谷元善の『国史攣要《らんよう》』には、

上皇其（忠盛）ノ胆有ヲ賞ス、後チ其幸スル所ノ宮人兵衛佐局《ひょうえのすけつぼね》ヲ忠盛ニ賜フ、時ニ宮人已ニ妊メリ、上皇曰《いわく》、女ヲ生マハ朕之ヲ取ン、男ヲ生マハ汝之ヲ子ト為セト、宮人男ヲ生ム、清盛是レナリ。

とある。この内容は、『日本外史』に述べられていることとまったく一致し、むしろ『日本外史』の漢文を仮名交じり文に翻訳したにすぎないともいえるが、江戸時代以来、明治期にかけて、この説が人々の清盛出生の事実として受けとられていたであろうことが推察される。

　その後、歴史教科書のうえからは、こうした落胤説が消え去ったが、学界においてこれが否定されたわけでなく、一般大衆の間でも、この説は強く支持されていたらしい。

それでは、清盛落胤説は真実を伝えるものであろうか。またその説の根源はいずこにあるのであろうか。次にしばらくこの問題を考えていきたい。そしてそのためには、まず清盛の生母について明らかにしなければならないが、これがまた説が分かれて容易には結論が出せない始末である。

❖清盛の生母

清盛の母が誰であるかまた誰の女《むすめ》であるかは別として、それが白河法皇に近侍した女官であり、のちに法皇から忠盛に賜った人物であるという点では諸説が一致している。

忠盛には、その一生を通じて数人の妻があった。『尊卑分脈』の平氏系図によれば、清盛の母のほか、少なくとも四人が確認され、その他にもまだいたらしい。すなわちまず、清盛の次弟家盛（夭折《ようせつ》）および頼盛の母である修理大夫藤原宗兼の女《むすめ》（池禅尼《いけのぜんに》）、経盛を産んだ陸奥守源信雅の女、教盛《のりもり》を産んだ大宮権大夫藤原宗隆の女、そして忠盛の女子の一人を産んでいる丹後守藤原為忠の女、以上四人が確認され、その他、系図には明示されないが、清盛の末弟薩摩守忠度《ただのり》の母は、これらの妻たちとは別の女性であったらしい。このように忠盛の妻のうち、少なくとも四人はその出自素性がはっきりしているが、清盛の母と忠度の母だけは、系図にもそれが明らかにされていないのである。なお忠盛の正室は、頼盛の母の池禅尼であった。

『尊卑分脈』の平氏系図に清盛の母について、なんの記載もないということは、この書物が編集された南北朝時代に、これを確認するだけの証拠がなかったためか、あるいはその女性について明示することをはばかったためか、さらにあるいはその女性の身分が低くて出自を明らかにできないためか、この三つの理由のいずれかであったに相異ない。しかし、その南北朝時代には、すでに清盛の母についての、いくつかの説は、当然生まれていた。なぜならば、清盛の母が白河上皇より賜った女性であること、およびそれと関連しての清盛落胤説に関する原典は『平家物語』であり、それはすでにこの時には、広く流布《るふ》していたからである。したがって『尊卑分脈』の編纂者は、その『平家物語』の説を採用しなかったことになる。なぜ採用しなかったのか、その理由はもちろんわからない。しかしこのような権威ある系図において、他の兄弟たちの生母についてははっきりしているのに、清盛の生母について明示していないことそれ自体は、そこに何か事情があったことを思わせるし、またそのことから種々の憶説が生まれ、ながく語り伝えられる条件がつくられてきたものといえよう。

ところで、右に述べたように、清盛の母についての典拠は『平家物語』を主とするが、この文学作品における説も、いくつかの異説があって、はなはだやっかいである。『平家物語』に種々の異本があることは周知のところであるが、今日の『平家物語』研究の段階では、かなり詳細にそれらの諸本の伝写の関係や系統が明らかとなっている。そしてその系統の相異によって、清盛の母たる女性の説明が異なる。ということは、いずれかの説が、いずれかの時期に、新たにつくりだされたり、また旧説を訂正し、あるいはさらに修飾を加えたりして生まれて来たことを意味する。したがって、いずれの系統の本にある説が、より古いかたちをもつものかを考える必要がある。そのことになれば、『平家物語』の伝来に関する研究の一つの大きな問題となるので、いまここで詳細にその問題に立ち入ることはできない。そこで、ここではまず、『平家物語』関係の伝承のなかで、清盛の生母が誰であるかという点について、どのような説があるかということだけを整理してみよう。

『平家物語』を系統別に大きく分けると、(A)語り系の諸本（一方流・八坂流その他）と(B)読み本系の諸本（延慶本・長門本など）に分けられるが、『平家物語』が伝える皇胤説の内容は、この系統の別によって大きく相異している。そこで清盛の母をいかなる人物にするかという点で、これらの諸本の説を分類すると、次のようになる。

A (1) 白河院の寵姫であった祇園女御《ぎおんにょうご》という人物であったとするもの……「語り系」の大部分はこれである。

(2) 「祇園辺ナル或女房」とするもの……八坂流の一つ、屋代本。

B (1) 「祇園女御に仕えた中﨟《ちゅうろう》女房」とするもの……延慶本。

(2) 右の「中﨟女房」と祇園女御との区別が明確でないもの……長門本。

C　祇園女御とは関係のない宮人「兵衛佐局」とするもの……『源平盛衰記』（平家物語の一異本と考える）

以上、いずれにしても白河法皇と関係の深い女性ではあるが、その人物は誰かという点では大きな相異がある。それでは、『平家物語』のこれらの諸本のうち、いずれがもっとも古い形態のものであろうか。それが確定されれば、清盛の母に関するもっとも原初的な説がわかるわけである。

『平家物語』の原本の成立は、だいたい鎌倉時代の前半期、承久の乱の直前のころという見解が定説のようであるが、それは清盛の死後約四〇年であるので、その時点での説はかなりの信憑《しんぴょう》性をもつ可能性がある。とはいえ『平家物語』が、もともと文学作品であって、虚構性の多いことも忘れてはならない。そこで、この問題を考える一応の手掛かりにすぎないけれども、『平家物語』の古い形態を確定しておきたいという要求が生まれるのであるが、この作品の原形態をさぐるには、現存の諸本にみられる種々の説話を比較検討し、その相互矛盾とか、類似性とかを根拠としなければならず、清盛落胤説そのものも、そうした操作の材料となる説話なので、『平家物語』のみを対象とすると、どうしても解明の手順が、堂々めぐりしてしまう恐れが生ずる。

❖仏舎利相承系図

そこで、『平家物語』以外に清盛の生母に関する史料があればよいわけであるが、幸いなことに、ここに一つの古文書と一つの日記にみられる簡単な記事とが残っている。それは滋賀県の胡宮《このみや》神社旧蔵の古文書のなかにある『仏舎利《ぶっしゃり》相承系図』と、中御門宗忠の日記『中右記』の保安元年（一一二〇）七月一二日条とであるが、ここではまず前者について説明を加えよう。

この『仏舎利相承系図』を学界にはじめて紹介したのは、明治時代の学者、星野恒博士であった。明治二六年のことであった。博士はこの系図の記載によって、清盛の母は、祇園女御の妹で、「院中宮仕ノ女房」であったという新説を出された（星野恒『史学叢説』第二集所収「清盛ノ母」）。たしかにこの相承系図によれば清盛の母なる女房は、祇園女御と姉妹関係にあった。そしてこの相承系図の記事には、白河法皇が育王山・雁塔山伝来の仏舎利各一〇〇〇粒をもっていたが、その崩御に際して祇園女御に譲り、女御はまたその妹の子清盛を自分の猶子《ゆうし》として、これにその仏舎利を譲ったことが示されている。しかもその清盛の母である女房については、「法皇に召されて懐妊し、そのまま忠盛に嫁して清盛を産んだ」と説明しているのである。

星野博士は、この系図と後に述べる『中右記』の記事とによって、清盛の母は祇園女御の妹で同じく白河法皇に仕えた女性であると断定した。しかし星野博士は、この系図にみられる清盛皇胤説については、これを疑問とし、それは清盛の母が先に院に奉仕し、また清盛が祇園女

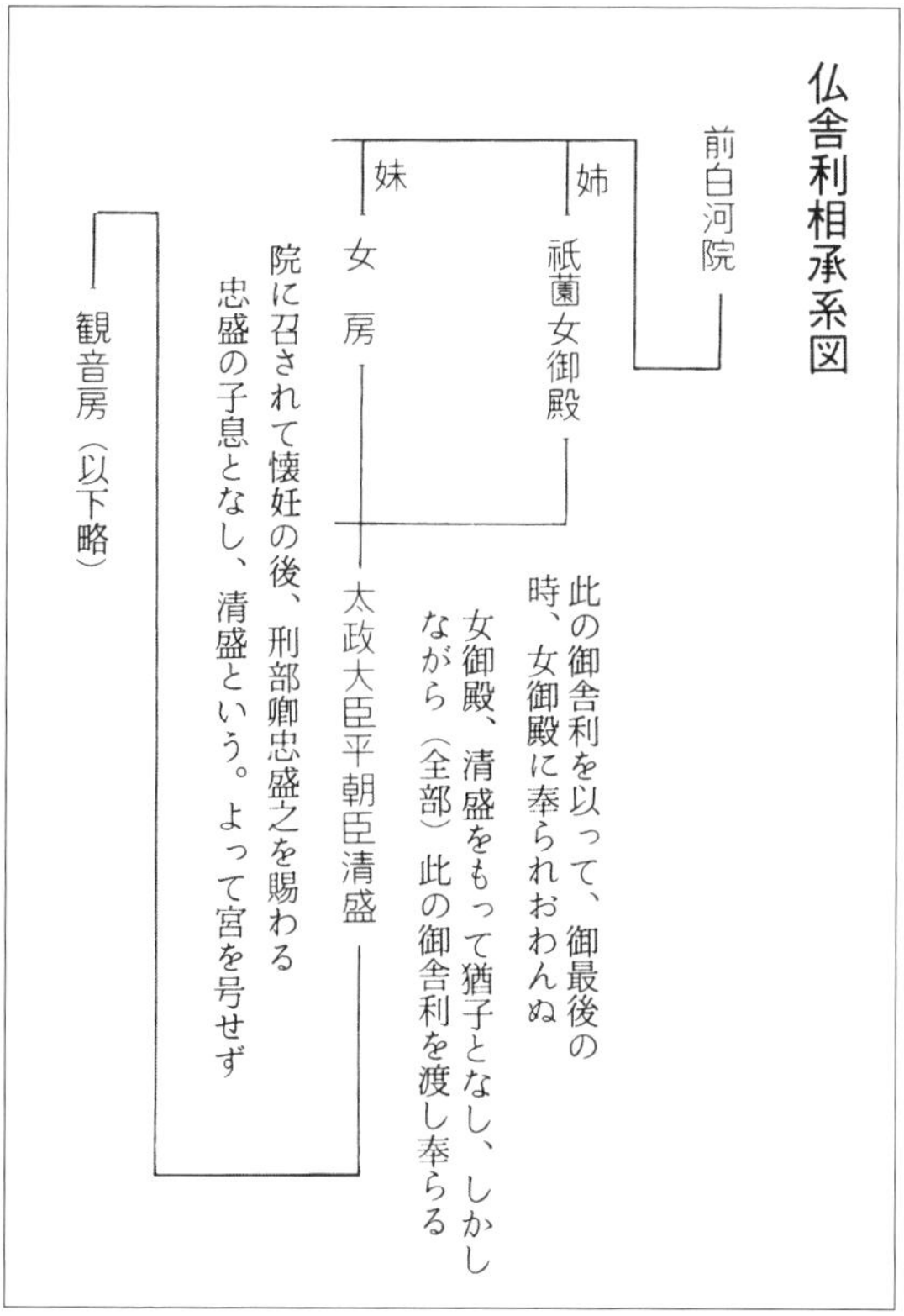
仏舎利相承系図
前白河院
姉
祇薗女御殿
此の御舎利を以って、御最後の時、女御殿に奉られおわんぬ
妹
女房
女御殿、清盛をもって猶子となし、しかしながら（全部）此の御舎利を渡し奉らる
太政大臣平朝臣清盛
院に召されて懐妊の後、刑部卿忠盛之を賜わる
忠盛の子息となし、清盛という。よって宮を号せず
観音房（以下略）

御に養われた事実と、のちに清盛が権盛をきわめたことなどを総合して、後の世につくられた憶説にすぎないとしている。ただし博士は、この系図が文暦二年（一二三五）七月の日付をもっているところから、皇胤説がかなり古くから伝えられていることを指摘されたのであった。

清盛皇胤説の史実的信憑性については、さらに後段で詳述するが、清盛の母がいかなる女性であるかについては、この『仏舎利相承系図』が紹介されたこ

とが大きな意味をもった。それまでは、『平家物語』によった祇園女御説をとるか、あるいは『源平盛衰記』にもとづいて兵衛佐局説にたつのが一般であった。『日本外史』でも「幸する所の宮人兵衛佐局、忠盛と身あり、上皇即ちこれを賜う」とし、本節のはじめに引用した『国史驟要』もまたこの説をそのまま踏襲している。ところが星野博士の発表以来、この相承系図の説が学界で一般に認められるようになってきたのであった。私も旧著『平家の群像』（塙新書）において、この説はほぼ疑いないところであるとしたのである。

しかし、問題が終わったわけではなかった。考えてみれば、現存の『仏舎利相承系図』が、原本そのままの伝来なのか、後代の写本なのかも検討していなかったし、また文暦二年の日付が正しいとしても、それすら清盛死後四〇年も経過した鎌倉時代の所産であることを示し、その間に生まれた巷説ともとれる可能性もある。また、祇園女御と清盛の母とを姉妹とすることも、他にはまったく傍証がない。要するにこの系図の、史料としての信憑性が必ずしも確定されていないといえよう。

はたして、最近発表された赤松俊秀氏の研究論文「虚構と史実」（『史林』五三巻六号）のなかで、この『仏舎利相承系図』の綿密な考証が行われたが、その結論からみると、この系図は史料的信憑性において、かなり疑わしいものとなった。すなわち、まず「文暦二年七月」の日付の筆致は、本文の書体とは異筆で、むしろこの系図の末尾にある「文永元年三月」の追記と一致するという。それならば、本文が文永元年以前に書かれたことは確かであるが、文暦二年の日付をそのまま信用することもできず、まして本文が原文なのか、なにものかをさらに筆写したものかもわからないので、その本文の成立時期を確定することができない。またさらに重要なのは祇園女御と清盛の生母の傍に注記された「姉」「妹」の筆致が、本文の書体とも一致せず、さらに文永元年追記および文暦二年の日付の筆とも一致しないとのことである。こうなれば、姉妹と注記したのは、それが誰によってなされたかは不明であるとしても、本文成立よりも後の時代の追筆であることは明らかである。赤松氏はこれについて、「祇園女御殿」と「女房」とが並記されているところから姉妹と考えた後人が書き加えたものか、あるいは祇園女御に妹がいて、これも白河法皇の女房として時めいたという伝承があったので、それに影響されて注記が加えられたものと推定される。私もこの推定が正しいと思う。なおこの祇園女御の妹についての伝承とは、賀茂女御と呼ばれる女性が祇園女御の妹であるといわれた言い伝えで、承安年間（一一七一－一一七五）前後に成立したと推定される『今鏡』にも、これを取り上げて、賀茂女御は賀茂社司重助の女であって、祇園女御との姉妹関係はないとする記事があって、当時から世間に流れていたと思われる伝説のことである。

さてこうなると、かつてはかなり高く評価された『仏舎利相承系図』にも、時代の作為が認められ、とくに清盛の生母が祇園女御の妹であるという説も、簡単には肯定できなくなり、

『平家物語』や『源平盛衰記』の説と同列におかれることになる。そしてこの系図の姉妹の追記を無視すれば、系図にみられる所伝は、先にあげたBの読み本系『平家物語』の説と一致してくることにも注意したい。

❖清盛皇胤説について

こうして清盛の母に関する諸説のうち、いずれが正しいかは容易に結論を得ないが、結局は『平家物語』の諸異本のうちいずれがより古い形態を残すかの問題となる。そして同時に、清盛の母が誰であろうと、そこに共通して存在するのが清盛皇胤説であるから、この説が真実を語るものか、あるいは虚構であるか、そしてもし虚構ならば、その虚構の説はいつ、どこで生まれたかを検討する必要もある。

ところで、この問題に立ち入る前に、確かめておかねばならないのは、何よりもまず、諸説において一致している点、すなわち清盛の母が、いずれにせよ白河法皇と近い関係にあった女性であるということの実否である。もし何かの証拠から、このことが否定されれば『平家物語』の説は根底からくつがえり、その諸本の考証によって原形を求め、これまでみてきた諸説のいずれが旧態を保っているかということについての追究も、たんに『平家物語』の成立や伝来に関する問題となり、歴史上の人物たる清盛の出生に関する問題とは別のものとなってしまう。それはもはや歴史学上の問題追究から逸脱してしまうのである。

そこでこの伝承の実否であるが、その点に関しては、疑いなくこれを実証する史料が残っている。すなわち先にふれた『中右記』の保安元年七月一二日条であり、そこには忠盛の妻の一人が死亡したという記事がみられるが、筆者はこの忠盛室について、「是れ仙院の辺なり」と説明している。保安元年といえば清盛が三歳、父忠盛が二五歳の年であり、まだ忠盛の他の妻の存在が考えられず、また、たとえ忠盛の第二子家盛の母藤原宗兼の女がすでに忠盛に嫁していたとしても、この女性すなわち池禅尼が、この時期に死んだはずもない。したがってここでいう忠盛室が清盛の母であることは疑うべくもないが、その人が法皇に近い人物であったことが語られているのである。清盛の母が院に仕えた女性であったことは事実としてよい。

なお『平家物語』の語り系諸本が、および長門本には、忠盛が上皇の御所の女房と通じていたこと、とくに前者の諸本ではこの女房が薩摩守忠度の母であるとの説話がみえる。もしこれが事実としても、忠度は天養元年（一一四四）の生まれであるから、おそらくここでいう上皇とは鳥羽上皇のことであろうし、この女房が清盛の母とはまったく別人であることも確かであろう。

こうして清盛の母が白河法皇に近侍した女性であったという事実は、清盛皇胤説を生み出す素地ともなり、また実際に清盛が法皇の落胤であった可能性をも含むものであった。なぜならば、当時の宮廷の風潮として、そのようなことが皆無とは断じきれないからである。しかしその皇胤説はすでに述べてきたように内容が異なる諸説があり、これを直ちに史実とするにはかなりの障害があった。江戸時代においても『日本外史』のように、これを史実として素直に取り上げたものもあるが、『平家物語』の考証の基礎的な古典ともいうべき野宮定基の『平家物語考証』では、若干の疑問を呈して、「此の段考う可し」としているし、『大日本史』の清盛伝にも、『平家物語』『源平盛衰記』の二書を引用しながら、この二書の清盛の母の説が異なることに疑いをもち、さらに清盛の落胤説についてはこれを付会の説として退けているのである。

明治にはいって皇胤説の検討が活発になったのは、先述の星野博士による新史料すなわち『仏舎利相承系図』の紹介以来のことであるが、博士は清盛の母についての系図の注記をそのまま史実としたにもかかわらず、皇胤説そのものには疑問を残した。しかし大正時代にはいって和田英松博士は、その論文「祇園女御」（『国史国文の研究』所収）において、この皇胤説を肯定し、それ以後の歴史家の間では、若干の疑問を残しながらも、これを史実として肯定的に受けとる傾向も強くなったようである。和田博士は、星野説を一歩すすめ、『仏舎利相承系図』の記事をすべて史実と認め、また先の『中右記』の記事をもととし、傍証としては、当時は天皇の落胤が実際に存在した事実、また白河法皇が清盛に対して特別な関心をもっていて、清盛が幼いときから異常なほどの待遇を受け、破格の官位を得たことをあげたのであった。「相承系図」が、この事柄についての史料として、あまり高い価値をもちえないことは上述のとおりであるが、歴史家の間では和田博士以来、この系図の史料的価値を過大に評価したきらいのあることも認めなければならないようである。もちろん星野博士以来この説が虚構であると主張する立場もあったが、戦後の学界では、どちらかといえば、皇胤説を肯定する立場が強くなっていたといえよう。

比較的最近の著述を例にとっても、たとえば竹内理三氏は『日本の歴史6、武士の登場』（中央公論社刊）において、清盛皇胤説を積極的に肯定する立場をとられ、また上横手雅敬氏も、「平清盛」（学習研究社刊『日本と世界の歴史』第九巻所収）において、これを肯定する説を述べられている。この両者とも、胡宮神社の古文書たる『仏舎利相承系図』を確実な史料として、その判断の基礎においているのである。そして私自身は、皇胤説そのものには若干の疑問をもちながらも、古文書一般の史料的信憑性の高さにひかれて、旧著『平家の群像』（二〇一ページ）では、「そのことは必ずしも否定できない」と考え、また他の著述でもだいたい同様なことを述べてきたのであった。

❖皇胤説否定の論

他方、国文学者による『平家物語』の考証に関する研究の間では、かえってこの皇胤説を史実として否定する傾向が強かったようであった。『平家物語』そのものの考証や国文学的研究は、私の専門分野ではないので、あまり深く勉強したわけではないが、先述した赤松俊秀氏の研究に導かれて二、三検討した結果では、たしかに国文学者の間では、皇胤説が虚構であるとする佐々木八郎氏の説（『平家物語の研究』および『平家物語評講』）や富倉徳次郎氏の見解（『平家物語全注釈』）などが、『平家物語』の内容分析から出発した考証を通じて、皇胤虚構説についてのかなり強い説得力を示しているようである。

いまここで、これらの説の主論の根拠について詳細に立ち入ることは避けるが、結論だけを紹介すると、佐々木八郎氏の場合は、まず清盛の生母が祇園女御とは別人であるとする延慶本が、両者を同一人とする諸本より古い叙述形態を保っているものと推定し、さらに清盛皇胤説は、『平家物語』の作者が、清盛をことさらに高貴な素姓の人であらせようとして虚構したものであろう、とされる。また富倉徳次郎氏の説は、皇胤説を必ずしも史実とは断定しないが、『仏舎利相承系図』の記事を根拠に、皇胤説が一三世紀前半に広く流布していたものと推定し、これによって『平家物語』の清盛皇胤説が成立したとするのである。この場合『平家物語』の原本にすでに皇胤説が成立していたのか、あるいは後に加えられたものかの疑問が残る。もし富倉説が、『平家物語』の原本において皇胤説が成立していたという前提で、その原本成立以前に皇胤説が流布していたとするならば、その皇胤説の一般的な流布を証明するのに『仏舎利相承系図』は十分な役割を果たしえない。なぜならば系図がつくられたと思われる文暦二年（一二三五）よりも、『平家物語』の原本が成立したと考えられる年代（承久以前・一二二〇年代）のほうがわずかばかり古いからである。しかしその証明は別として、皇胤説が『平家物語』とは別の場において成立した可能性は残っている。このように、両氏の見解は、その成立の場所はともかくとして、皇胤説が虚構であるとする点では一致しているのである。

ところで、先に引用したごく最近の赤松俊秀氏の論文「虚構と史実」は、これらの国文学者の考証や主論を検討したうえで、とくに『平家物語』の本文分析について佐々木説をだいたい承認しながら、他方で『仏舎利相承系図』の史料批判をしたものであり、上述のように、系図の記事に必ずしも高い信憑性を求めえないという結論を出された。その結果、赤松氏はこの系図をも一つの創作された産物と考え、その注記された皇胤説は、『平家物語』における皇胤説と、「同じ雰囲気のもとで」成立したものと断定した。そして、清盛皇胤説は史実と考えられないという立場をとり、しかもその皇胤説は、『平家物語』の作者の虚構であると立論されるが、その根拠を要約すると、だいたい次のようなものとなる。

まず赤松氏は、『平家物語』の諸本のなかで、延慶本が原本にもっとも近いとする立場をとり、その点で佐々木八郎氏の説に同調するわけであるが、『仏舎利相承系図』の検討の結果、少なくとも系図自体は文暦二年（一二三五）から嘉禎三年（一二三七）までの間に成立したこと、そして後代の加筆を除けば、清盛の母に関する記事は読み本系『平家物語』のそれとほぼ一致することを確かめられた。そしてこの系図よりもわずかに十数年先行して成立したとみられる『平家物語』の原本の記事は、当然この系図の記事内容に近いものとの前提によってであろうが（赤松氏自身はその説明を省略されている）、この系図の記事と読み本系諸本の記事との一致の顕著な点から、読み本系が、語り系諸本より先行し、より原本に近いものと断定される。

また宝治年間（一二四七―一二四九）に、その祖本が成立したと推定される『源平盛衰記』が清盛の生母を祇園女御と関係のない兵衛佐局としながら、忠盛が若いころに祇園女御に仕えた中﨟女房にかよったとする、「或説」を併記し、その「或説」が延慶本と同旨の説であるところから、延慶本の成立が『盛衰記』よりも先行することを立証する。

また長門本は、清盛の生母に関する記事に関して前後重複矛盾するところがあるので、中途でなんらかの改訂を受けていると考える。

したがって現存の読み本系の諸本のなかでも、延慶本がもっとも古態を保っているとし、延慶本をもって諸本の集大成とする学界の定説に反論する結果となったのである。しかもその延慶本に清盛皇胤説があるのであるから、延慶本こそが清盛皇胤説の最先出の史料となるわけである。

そこでさらに赤松氏は、清盛在世中に皇胤説が流れた形跡のない事実を考え、さらにこの延

慶本における清盛皇胤説の記事の最後に、

或人ノ云ケルハ此事僻事《ひがごと》ニテゾ有ラム、実ニ王胤ナラバ淡海公（注、藤原不比等）ノ例ニ任テ子孫相続テ繁昌スベシ。サルマジキ人ナレバコソ運命モ久シカラズ、子孫モヲダシカラザルラメ、此事信用ニタラズト申人モ有ケルトカヤ。〔穏〕

という記事があり、この記事が延慶本にのみみえている事実に注意して、「これは明らかに世評の形式をとって皇胤説が事実を伝えたものではなく、作者が創作した虚構に過ぎないことを言外におわせたものである」と説明し、この「僻事」という批判の言葉を載せて、その物語が作者の創作であることを暗示するのは『平家物語』の作者が他でも使用する手段であるとされる。こうして皇胤説は、原本にもっとも近いと思われる延慶本自体が、世評のかたちをとって、自ら虚構であることを暗示しているということとなり、作者の虚構であることは不動のものとなる。

そして赤松氏の結論として、⑴『平家物語』の作者は清盛の生母がもと女房として法皇に奉仕した事実と、祇園女御が平正盛・忠盛・清盛の三代にわたって親しく交際したという言い伝えをもとにして清盛皇胤説を創作したこと、⑵『仏舎利相承系図』は、同じ雰囲気のもとで『平家物語』をさらに発展させて、法皇から祇園女御・清盛・宗盛・観音房へと相承される仏舎利を創作したもの、⑶一四世紀後半になって『平家物語』の本文が整えられると祇園女御清盛生母説が出現したこと、などが示されたのである。

この清盛皇胤説の史実性を否定する赤松氏の所論は、かなり説得力があるものと思う。論証の経過になお若干の疑問があり、論理的に説明不足の部分も認められるが、研究の現段階においては、私もどうやら赤松氏の説に従うべきであろうと考える。なお考えるべきところは残るが、ここでは私自身がもっていた皇胤説に対する疑問を、より強く押し出して、清盛皇胤説は史実と認められないとしておきたい。

少・青年期の清盛

❖平氏の御曹子

いわゆる伊勢平氏が京都に進出して、正盛・忠盛と二代にわたり、京都における新興勢力として大きく伸びはじめたころに生まれたのが清盛であり、彼は都の武者の新しい代表者となった武門平氏の嫡男であった。しかもその平氏には白河・鳥羽二代にわたる院政の主の強い後援があり、清盛の母は白河法皇の近辺に仕えた女房である。清盛は新興の平氏の御曹子《おんぞうし》として、また院をめぐる人々の強い関心を受けるべく運命づけられて生まれてきたのであった。

しかし清盛の幼年期は、生母の愛に恵まれることは少なかった。なぜならば、先に『中右記』の記事を紹介したとおり、清盛が三歳のとき生母は死亡したからである。そしてちょうどその前後のころと思われるが、父忠盛は藤原宗兼の女を娶《めと》って正室とし、まもなく第二子の家盛が生まれた。こうした事情のためか、清盛は、やがて宗兼の妹の子藤原（中御門《なかみかど》）家成に養われることになったという。この家成の伯父の権中納言長実は、鳥羽天皇の寵姫として有名な美福門院得子《びふくもんいんとくし》の父である。

またこれとは別に、母を失った清盛は祇園女御《ぎおんにょうご》に養育されたという説もある。先の中御門家によったというのは『源平盛衰記』の説であり、後者はたとえば『仏舎利相承系図』に「女御殿、清盛をもって猶子となし」とあるところあたりから出た説のようである。はたしていずれが正しいかはわからない。中御門家成に養われることになったのが、もし生母の死後まもなくとすれば、この説には少しく不合理な点がある。というのは、『公卿補任』によると、この家成は保安二年に中宮権少進に任ぜられているがそのときまだ一五歳にすぎないのである。もし清盛を養ったとしても、それは家成自身ではなく、彼の母、すなわち藤原宗兼の妹でなければならない。あるいは清盛の生母の死後、はじめ祇園女御に養育され、しばらく後に中御門氏の養子になったのであろうか。あるいはまた祇園女御との関係は、『相承系図』の記事にあるとおり、たんなる猶子関係、すなわち形式的な親子関係であったかもしれない。いずれにしても、このあたりの事情は明らかでないが、清盛がわずか三歳で生母の死にあい、また忠盛の正室が清盛の生母ではなく、家盛・頼盛の生母たる宗兼の女（池禅尼）であったことだけは確かである。

しかし、こうした事情にありながら清盛がやがて平氏の嫡流の座を占めたことは疑いない。

それは彼の異常に早い官位の昇進によって証されよう。もちろんその背後には父忠盛の政治的成果があり、また上皇の特別な庇護があったに相異ないが、清盛が忠盛の嫡子として、それらの恩恵を受ける立場にあってこそ、そうした特別な待遇の対象となりうるのである。

大治四年（一一二九）正月、一二歳で元服をすませたばかりの清盛は、従五位下となり、佐《さ》兵衛佐《ひょうえのすけ》に任ぜられた。この破格な人事についての除目《じもく》のときは、さすがに「満座驚目」したと源師時《もろとき》の日記『長秋記』に述べられている。そしてこの年の三月一六日、石清水臨時祭が行われたが、この清盛は数人の公達《きんだち》に交じって舞人を務めた。『中右記』によれば、この時、清盛に従う雑色《ぞうしき》たちの装束が美麗であったこと、そして彼の馬の口取りを務めていたのが内大臣源有仁の随身《ずいじん》の一人であったことなど、ひときわ人々の目をひき、耳を驚かしたという。忠盛の財力に支えられてのことか、世に出たはじめの清盛の周囲が、いかにきらびやかで、また誇らしげなものであったかを想像すべきであろう。『平家物語』によれば、少年期の清盛は、きわめて頭の鋭い、また容姿の美しい貴公子であったという。これはおそらく事実であったろう。『中右記』の石清水臨時祭の記事をとおしても、容姿端麗な貴公子をとりまく華美な雰囲気を察することができるようである。

さてその翌々年の大治六年、清盛は従五位上にすすみ、やがて正五位を経て、保延元年（一一三五）八月には、忠盛の海賊討伐の賞として、従四位下に叙された。清盛一八歳のときである。ついで翌保延二年、忠盛の譲りにより中務大輔《なかつかさ》に任じ、さらにその翌年には熊野本宮造営の賞として肥後守を兼任した。二〇歳の若さで受領となったのである。

そして清盛の長子重盛が生まれたのは、この保延三年のことであり、その二、三年後に次子基盛が生まれた。重盛・基盛の母は右近将監高階基章《うこんしょうげんたかしなもとあき》の女《むすめ》で、それほど身分の高い人の女ではないが、これが青年清盛の最初の妻であった。その後、久安二年（一一四六）正四位下、安芸守《あきのかみ》（兼中務大輔）となったが、その翌年に第三子の宗盛が生まれた。宗盛の母は平時忠の姉の時子で、清盛の正室である。おそらく保延から久安三年までの数年の間に、この婚姻が行われたであろう。

❖青年武将清盛

少年時代から青年時代にかけての清盛は、父忠盛が中央政界とくに鳥羽上皇の近くで着々とその地歩を築いてゆくのをみながら成人していったに相異ない。忠盛が内の昇殿を許された長承元年（一一三二）は清盛が一四歳のときである。上流貴族の仲間入りをしようとする忠盛、そして諸国の受領を歴任して、いよいよ富を重ねてゆく忠盛、そうした父の嫡子として、その官位の面でも破格の待遇を受けている清盛であったから、彼が一面で京都貴族の公達としての育ち方をしたことは想像される。しかし忠盛をはじめ、平氏一門は、なんといっても武門としてその存在が認められたものである。上皇を警衛すべき「都の武者」の武者の代表としてこそ、破格の抜擢を受けたものである。現に忠盛は、その一生を通じて、あるいは僧兵の暴挙から都を防衛すべき武力として、また国家権力に反抗する地方在地勢力、とくに南海・西海の海賊を制圧・追討すべき武力として活動をつづけたのである。そうした武門の御曹子として、清盛が一面においてすぐれた武将として成長したことも、また当然であった。

忠盛が保延元年に西海の賊日高禅師を討ったとき、すでに一八歳の清盛であるし、またその追討の恩賞として従四位下となっているのであるから、あるいはこの追討には清盛も関係したかもしれないが、記録にはまったく残っていない。またこれより以後の十年余にわたって、清盛自身の武功については、まったく史料上にその痕跡が残らない。少なくとも僧兵防御などには動員されたであろうが、すべて忠盛の陰にかくれていたのであろう。青年武将としての清盛の武的活躍は、ただ想像する以外に方法がない。

清盛の行動が、はっきりと史料のうえに出てくるのは、久安三年（一一四七）六月のことである。時に彼は三〇歳、すでに壮年期に達していたが、まだ忠盛が健在で平氏の中心は彼にあった時期である。このとき平氏と延暦寺との間に大きな問題が起こり、その事件の中心に清盛が登場したのであった。そしてその事件の記録は、左大臣藤原頼長の日記『台記《たいき》』のなかにみられるのであって、その事件はまた当時院政の主権者であった鳥羽上皇の恣意的行動のなかで、上皇がいかに強引に平忠盛を庇護していたかをも示す事件でもあった。

すなわちこの年の六月、祇園会《ぎおんえ》が行われたとき、祇園社の所司と忠盛が何かのことで闘争を起こし、忠盛の嫡子清盛も六波羅から駆けつけ、所司に負傷をおわせ、さらに神輿に矢を立てたのである。当時、神仏の威を恐れたことは、とうてい現代の人々には想像もつかないほどで、神仏に非礼を行なった場合の神罰・仏罰は貴族以下一般庶民の最大の恐怖であった。したがって神が鎮座する神輿に対して、矢を向けることそれ自体がすでに言語に絶する行為である。南都北嶺の衆徒たちは、そうした神仏の威力をたのむからこそ、神輿・神木をかついで嗷訴《ごうそ》を行い、また乱暴をはたらいたのである。当時そのような僧兵の横暴に対し、これを防御するために武士を動員することが、すでに慣例化していたが、それは武士の武力をたのむ点ばかりでなく、当時の武士たちが、他の人々との比較において、その精神面でも、伝統的な宗教的権威に対する威怖の念が少なかったからでもあった。しかし彼ら武士たちとても、朝廷の命令という名分があってはじめて、僧兵に対抗しうるのが一般的状況であった。

ところが、この事件の場合、祇園の所司・神人との私闘である。武名高い忠盛の誇りが、祇園社と争いを起こす原因となったのであろうが、神輿に矢を立てた清盛の行動は、まさに古い宗教的権威に対して、真《ま》っ向《こう》からこれを否定し、これに挑戦する行為である。理由はわからぬが、これを敢行した清盛の勇気は尋常なものではなかったと思う。新興の武士層の代表者たる平氏、その平氏一門の嫡子としての自負が、清盛をして古い形骸化された神仏の権威と、その権威にすがる伝統的勢力すなわち寺社の勢力に対する挑戦を敢行させたのである。すでに三〇歳になっている清盛のことであるから、けっして一時の興奮状態から、騎虎の勢いで、この行動にはしったのではあるまい。青年期を終わらんとする清盛には、それだけの覚悟と信念があったに相異ない。私は清盛のこの行動のなかに、新興武士勢力が古い権威を否定しようとする新しい意欲、さらには古代社会の構造とこれを支える伝統的権威を打破せんとする進歩的意図をくみ取ることができるのではないかと思う。

❖延暦寺との抗争

それはともあれ、神輿に矢を立てたのであるから事件がそれで収まるはずはない。祇園社と関係が深い延暦寺では、直ちに衆徒が蜂起し、日吉《ひえ》神社の神輿をかついで朝廷に嗷訴するに至った。衆徒たちは忠盛父子の流罪を要求したのである。そこで鳥羽上皇は三日以内にその要求に対する回答をすると約束して衆徒を帰山させるとともに、さっそく朝廷で評議を行なうこととなった。

その評議の席上で、摂政藤原忠通の弟で当時内大臣であった頼長は、強硬に正論をはいて、鋭く上皇の意志決定をせまった。そのとき頼長は明法《みょうほう》博士の勘文《かんもん》(意見書)に従って、法にも

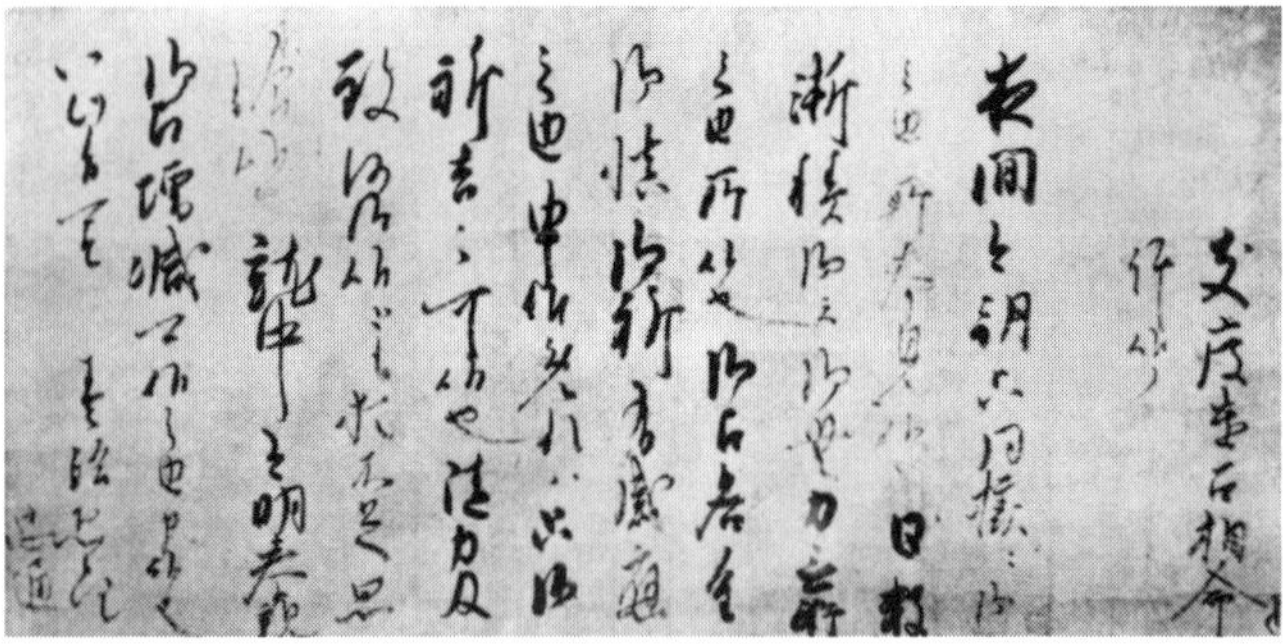

藤原忠通自筆書状

とづいて忠盛・清盛を処罰すべしと主張したのである。しかし忠盛を庇護する鳥羽上皇は、できるだけ重刑を避けたいと思い、もっぱら弁護するばかりであった。評議の席上で、上皇と頼長とが正面からわたり合い、他の廷臣たちは、優柔不断に、結果を恐れて沈黙を守るばかりであった。頼長が、強硬にその主張を変えず、朝議のすじを通すべきであるとくいさがるので、朝議は容易に決しなかった。翌日になると頼長は、自ら明法博士の勘文をとって、院の近臣藤原資信に渡したりして、上皇の決意をせまっている。要するに頼長は騒擾《そうじょう》事件を起こした忠盛父子の責任を追及し、これを法に従って処罰せよと主張し、妥協を許さなかったのである。しかし鳥羽上皇は、恣意的な専制君主として、簡単に自己の意志を捨てるはずもない。上皇はあくまでも忠盛をかばいたかった。

こうしているうちに、延暦寺の衆徒の蜂起はいよいよ激化し、強硬な処罰要求を繰り返してきた。そこで鳥羽上皇は、摂政忠通とはかって、ようやく忠盛らの罪名を発表したが、それはごく軽い罰金刑にすぎず、流罪を要求していた衆徒たちの期待をまったく裏切るものであった。このとき清盛に課せられたのは、贖銅《しょくどう》三〇斤ということであった。

刑を課せられたのである。清盛としては、その順調な前半生のなかで、唯一の失意の事件であったといえよう。

ところで、この上皇の処置に衆徒たちの不満は、いっそうつのり、ついに天台座主行玄の坊舎を破壊するというところまで発展した。しかしひとたび決定した罪名と量刑とを変更させることなく、忠盛父子は結局軽い刑で終わってしまった。

鳥羽上皇は、延暦寺衆徒の圧力の前にも、また藤原頼長の法的根拠にもとづく激しい主張に対しても、あくまで忠盛庇護の態度を堅持した。所詮は、専制君主の恣意の勝利であった。このとき上皇と正面衝突した頼長は、やがて左大臣となり、悪左府と呼ばれたが、強い意志をもった、また学問の造詣の深い人物といわれている。彼のこうした非妥協的な態度は、やがて鳥羽院政体制に対する強い批判的立場をとるに至り、彼はのちに起こる保元の乱に大きな役割を果たすこととなるのである。

一方、この事件を通じてみられる鳥羽上皇の一貫した強い平氏庇護の態度は、そのまま鳥羽院政のもとでの平氏の興隆とつながるものであった。清盛が

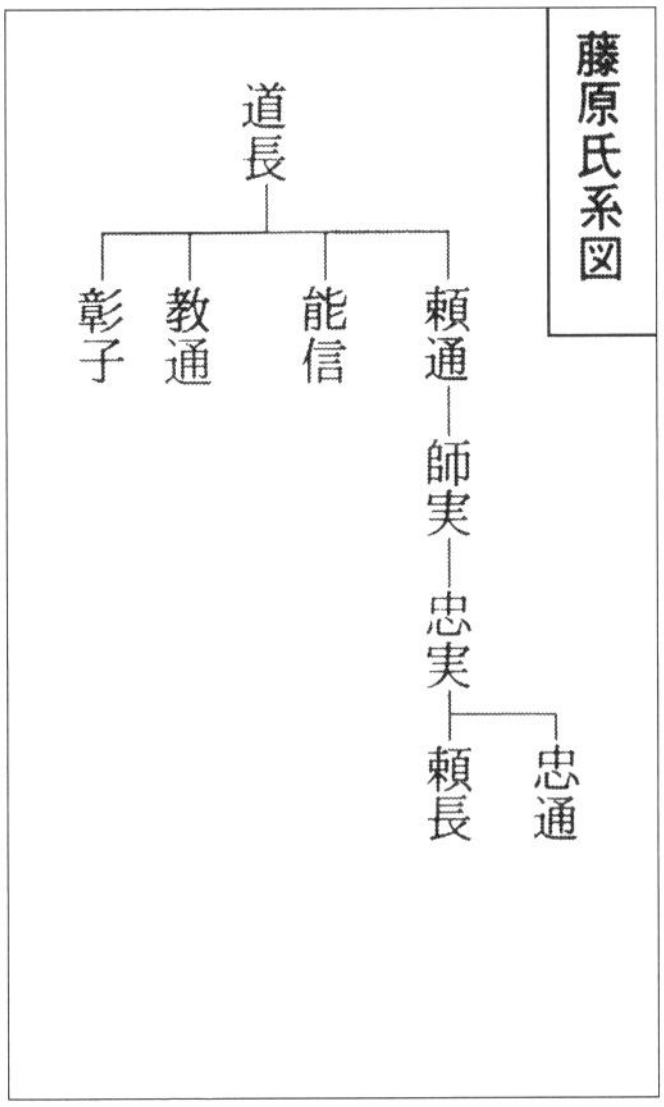

平氏一門の武力を率いて、いよいよ中央政界に台頭しはじめる準備は整えられたのである。

Ⅳ

平清盛の台頭

政界進出の背景

❖「武者の世」のはじまり

一二世紀後半は、歴史の激動がその歩調を速めた時代である。この半世紀は、政治の実権が、武力階級を基礎にした政治権力者の手中にはいる過程でもあるし、また院政の歴史のうえでは、白河・鳥羽の前期院政時代が終わって後期院政にはいった時代でもあった。そしてこうした時代の転換の大きなきっかけとなったのは、一一五〇年代につづいて起こった保元・平治の乱であった。この時代の摂関家に生まれ、天台座主《ざす》となった慈円の著書『愚管抄』には、

保元元年七月二日、鳥羽院ウセサセ給ヒテ後、日本国ノ乱逆ト云フコトハヲコリテ後、ムサ(武者)ノ世ニナリニケル也。

と述べられているが、まさに保元の乱は、「武家の世のはじまり」であった。それは京都を舞台にわずか一両日の間に結末をみた戦いであったが、この乱の歴史的意味は大きく、武士階級

が政治の表面に進出するきっかけをつくった歴史的事件として評価されている。

そしてより具体的に歴史の舞台をみれば、この保元・平治の両乱は、平清盛が政界に台頭する大きなきっかけとなったことが明らかである。武家の世をつくりだす歴史的な動きのなかで、武士階級内部での主導権争いも当然行われていた。白河・鳥羽両院政のもとで、「都の武者」の代表者としての伊勢平氏の地位は、その率いる武士団の規模の拡大とあいまって、年をおって向上してきた。しかし衰えたりとはいえ、かつての「天下第一武勇の士」といわれた義家の時代の栄光につながる源氏一門をはじめ、「武家の棟梁」として、地方の在地武士団を組織し、強力な武力を持つ武将は、他にも存在していた。平氏の優位は否定できないし、これと対抗すべき源氏は、鳥羽院政の下で、後述するようにかなり凋落していたが、それでも平氏が他の武的勢力をまったく圧倒するまでには至らなかった。平氏がそのことを実現して、名実ともに武士階級の代表者となるには、保元・平治の乱を待たねばならなかったのである。

清盛は、この両乱に際して、つねに勝利者の側にあった。彼の幸運というよりは、むしろその政治的洞察力と賢明な情勢判断とによるものであろう。かくて清盛は「武者の世」がはじまろうとする時代に、みごとに武士階級の主導権を握り、「武者の世」の担い手たちの最初の代表者となったのであった。まさに「武者の世のはじまり」は清盛の世のはじまりであった。

その清盛にとって、大きな意味をもった保元・平治の乱が起こる数年前、すでに壮年期に達

平氏系図(4)

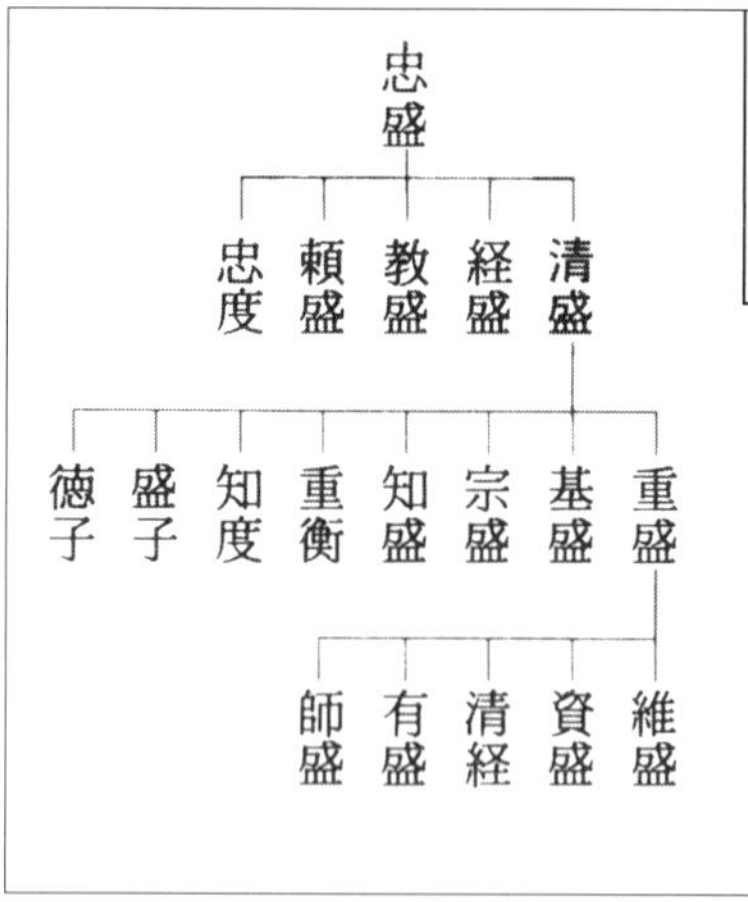

していた清盛は、はじめて平氏の武士団を統率する立場にたった。すなわち仁平三年（一一五三）正月、父忠盛が五八歳で死亡し、平氏一門の家督の地位が清盛にまわってきたのである。ときに清盛は三六歳、このときから、父祖以来の強力な武力と、豊かな財力とをそのまま受け継いだ幸運な壮年政治家清盛の活躍の第一歩がはじまる。彼は平氏一門の将来を双肩にになないながら、さらには歴史のうえでの武士階級の運命を背負って、政治的活動をはじめた。そして清盛の政治的台頭のうえで、大きな運命の鍵の一つとなった保元の乱は、あと三年の後に待っていたのである。

保元・平治の乱は、これを歴史的にみれば、院政という政治形態がもつ矛盾の必然的所産である。その矛盾の激化の結果、起こるべくして起こった爆発であった。したがってこの両乱の前後の時代は、中央政界に非常に複雑な勢力関係があり、そのなかで身を処してゆくには、かなりの政治性を必要とした。清盛はそうした時代的・政治的背景のもとで、政界に台頭してゆくのである。したがって清盛の政治的台頭の経過をたどるには、どうしてもこの時代の政治的背景を理解しておかなければならない。清盛が複雑に対立し合う諸勢力のいずれと結びつくことによって、その将来を開いていったかが重要である。

なお清盛が平氏の中心に立ったころ、平氏と並び称された源氏一門の状態はどうであったか。源氏は義家の死後、内紛が起こってさらに勢いを失ったが、義家の孫為義が嫡流を継いでその命脈を保っていた。しかし鳥羽上皇は、平忠盛庇護の態度とは反対に、極端に為義をきらった。為義は官も検非違使左衛門尉にすぎず不遇をかこったが、忠盛が死んだ翌年には、為義の子の鎮西八郎為朝が九州で乱暴をはたらいたため、上皇から勘責され、ついに退官させられる始末であった。そのころ、為義の嫡子義朝は、ようやく下野守となっていた。彼は若いころから源氏の勢力圏たる関東にいて、とくに南関東一帯の在地武士を組織し、かなりの武力を有していた。しかし義朝は父為義とは不和であったため、源氏一門が全体として大きく武士団を組織することはなかった。そして為義との不和のためか、義朝は必ずしも上皇から忌避されることもなかったようである。

❖院政の矛盾と危機

院政という政治形態は天皇を中心とする古代朝廷貴族たちが、新しい時代の動きに対応して、その古代的政治支配を維持するためにつくりあげた最後の政治形態であるといわれる。地方の新興勢力すなわち在地武士＝在地領主層などの台頭と、国家権力に対する反抗の動きの前に、

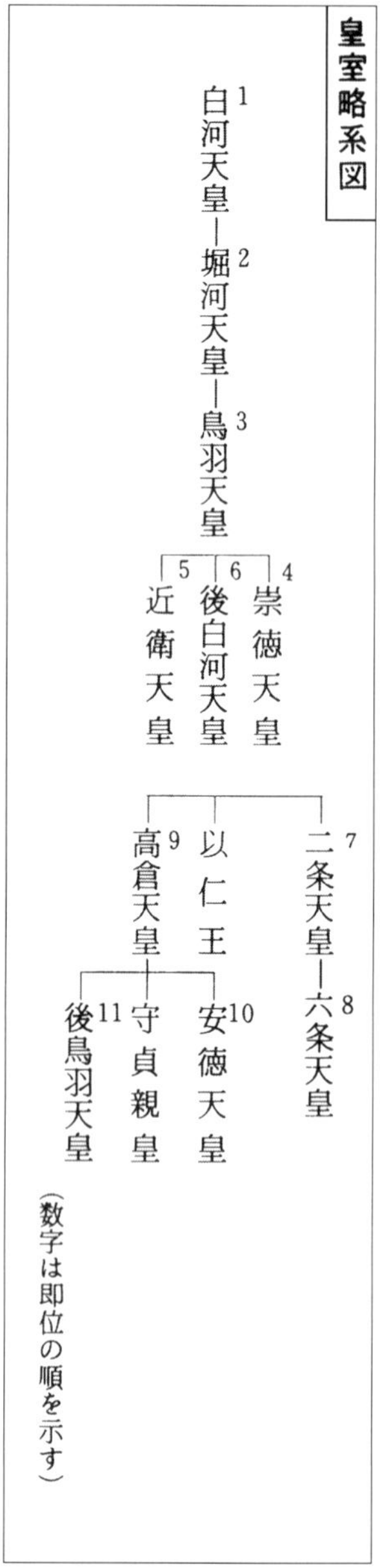

大きな危機を感じていた古代的貴族階級の人々が、その権力の衰退を克服することを期待し、それまでの、無気力で矛盾にみちた摂関政治を否定して、新しくつくりだした政治形態である。こうした院政に対する意義づけは、今日の学界の定説であろう。

そしてここに生まれた院政とは、中級貴族・受領層の経済力を基盤とし、しかも政治の実権を藤原摂関家から皇室の手中に奪い返すために、上皇を最高権力者の位置にすえるという政治の組織である。したがって、そこには政権の座からはずされた摂関家およびそれをとりまく勢力の権力回復の動きが、根強く潜行し、これとからまって天皇親政を復活しようとする勢力も生まれる。また摂関家以下の上級貴族と、中級貴族との暗闘もある。したがってこうした動きのなかで、院政を存続させるためには、必然的に上皇の強力な専制的権力が期待されたのであった。そして、この上皇の専制的権力の、武力的基礎として平正盛以来の平氏が育てあげられてきたことは、先に述べたとおりである。

ところで院政において、退位した上皇は天皇の父であるという立場を権威の源泉とし、かつ皇位を離れた自由な立場から政治を行い、いわゆる「治天ノ君」となった。この場合、「天皇は春宮《とうぐう》の如《ごと》し」と言われたように、天皇それ自体は、政治上まったく無力であり、その存在も形式的なものにすぎなかった。しかし上皇の権力の根拠が「天皇の父」というところにあるので、誰が皇位に就くかということは、院政の主権を握るうえで非常に重要な意味をもった。しかもその天皇の地位は、ほとんど専制的な院政の主権者、すなわち為政者としての院自身の考えによって自由にされる傾向をもったのである。このような政治形態の院政のもとで、主権者たる専制君主「治天ノ君」と、他の上皇あるいは天皇との対立は当然避けられない。そしてその反対勢力の動きが大きくなればなるほど、院政の主の専制政治は強化され、したがって対立も激化するという悪循環が避けられない。白河・鳥羽と二代にわたる院政がつづいて、すでに半世紀以上の年月が経過した一二世紀半ば、院政が必然的にもつ内部矛盾が、皇室内部の対立というかたちで、ようやく表面化してきていた。もちろんそれには、この約半世紀の間の多くの問題の累積があった。

鳥羽院

対立は、はやく白河法皇が絶対的な専制権力を振るっていた時代に、すでにあらわれていた。それは白河と鳥羽の暗闘である。白河上皇が養女として育てた藤原璋《しょう》子《し》（待賢門院）を鳥羽の中宮に入れ、その所生の皇子すなわち崇徳天皇を即位させるため、鳥羽の退位をせまったあたりから、鳥羽上皇の白河法皇に対する反感が強まった。そのころ、崇徳天皇は実は白河法皇の皇子であるとの噂も広まっていたのである。白河法皇の死後、鳥羽院政がはじまったとき、上皇が白河院政時代の政策にことごとく反対し、すべてを改変する方向をとったのも当然の成り行き

崇徳院

であった。ただ前時代の政治に対する反動政治を強行した鳥羽上皇も、その専制的性格のみは、前代とまったく異ならなかった。そのため、この新しい専制君主の動きを中心に、こんどは鳥羽上皇と崇徳天皇との対立が深刻化する。

こうした皇室内部の対立の場合、それぞれの勢力は、これにつながる種々の階層の人々の利害を代表する。そのため、対立はたんに、院政の主権者と他の上皇・天皇との個人的なものにとどまらずに拡大する。上級貴族をはじめ、中流の受領層、そしてこれらの爪牙となる新興の武士層などが、それぞれの側に属して対立するのである。

平氏が忠盛以来、鳥羽上皇のもとで、その強力な庇護の下に台頭してきたものであったことは、当然のこととして、清盛の立場をも決定づけるものであった。彼はまず鳥羽院政体制のなかの存在として、自分の立場を認識していたに相異ない。しかし、忠盛は崇徳天皇の在位時代、その処世の巧みさを発揮して、要領よく天皇側とも接近していた。忠盛の妻が崇徳天皇の皇子重仁親王の乳母となっていたのも、そのあらわれである。その時代にはまだ鳥羽院政体制も確立していなかったため、忠盛は、両者の対立のなかを巧みに動いていたのである。ところが清盛が家督を継いだころになると、鳥羽院の強力な専制体制が完成しはじめる。忠盛にしても、清盛にしても、おそらくは、じっと宮廷内の勢力の動きを見守っていたであろう。ここでもう少し、鳥羽院政体制確立までの動きをみておくことが必要となる。

❖鳥羽院政体制の確立

鳥羽院政がはじまるころになって、上皇と中宮璋子との不和が目立った。鳥羽上皇は白河法皇の遺言を無視して、前関白藤原忠実の女泰子（高陽院《かやのいん》）を入内《じゅだい》させて皇后とし、さらに藤原長実の女得子《とくし》（美福門院）を入内させた。そして待賢門院との不和が決定的となるころ、美福門院に対する上皇の寵愛が深まり、彼女の産んだ皇子体仁《なりひと》親王を皇位につけようと、さかんに崇徳天皇にせまった。こうしてついに永治元年（一一四一）一二月、これに成功し、ここに幼年近衛天皇の即位をみた。天皇はわずか三歳であった。

これによって、宮廷内における美福門院の権力は増し、相対的に待賢門院の勢力は失われ、ほとんど逼塞《ひっそく》する状態となった。またこの天皇の即位によって、鳥羽上皇は、完全な専制政治を展開することができるようになった。鳥羽院政体制の確立といえよう。

これに対し、皇位を失った崇徳上皇は、その後十余年間、その皇子重仁親王の即位と、上皇自身による院政の実現を期待し、失意のうちにも、自重の年月を送ることとなった。そのころの朝廷での最大の関心事は近衛天皇の後継者の問題であった。天皇はまだ若く、しかも病弱で、近い将来に皇子ができることは期待できなかったからである。重仁親王に皇位がまわってくる可能性もたしかにあった。

しかし崇徳上皇が鳥羽院政体制に対して、強い不満をもっていたことは当然で、たとえ自重はしていても、抵抗の姿勢は半ば公然化していた。したがって鳥羽上皇およびその陣営の人々が、崇徳上皇を中心とする勢力に対して、警戒心を深めていたのも当然であった。

鳥羽上皇側の勢力の中心は、まず美福門院であり、またそのころ父の忠実と不和であった関白藤原忠通である。彼らは、もし重仁親王が即位し、崇徳上皇の院政が実現すれば、自分たちの立場がまったく失われることを予想し、あくまでも、そうした反対勢力の台頭を阻《はば》むことに

近衛陵

努力した。

　近衛天皇の即位によってますます専制化した鳥羽上皇の心は、今やまったく美福門院の側にあった。しかし、恣意的な専制君主の心がいつ変わるかわからないことは、彼らがもっともよく知っていたし、病弱な近衛天皇の将来もおぼつかないものがあった。そして鳥羽上皇もすでに老齢に近づきつつあった。そのため、忠通らは、鳥羽上皇の在世中に、万全の体制を確立しようとしていた。

　こうしているうちに、清盛が一門の総師に立った翌々年、久寿二年（一一五五）七月に、近衛天皇は一七歳の若さで世を去った。もちろん、皇位継承者も決定していなかった。

　当時、鳥羽上皇としては崇徳上皇の同母弟が四人いた。しかし生母の待賢門院が鳥羽上皇と疎隔していたため、すでに権勢を失い、とうてい皇位を望むべき地位にはいない。美福門院には、近衛天皇のほか、一人の皇女しかいなかった。この時点では、崇徳上皇が重祚《ちょうそ》するか、その皇子の重仁親王が即位するかが、客観的にはもっとも自然であった。崇徳上皇側の人々も、それを期待した。またそれほど皇位継承の有資格者に乏しい状態であった。しかし美福門院と忠通とは、あくまで崇徳上皇の権力復活を阻止するために、対立候補を考えねばならない。そこで彼らは、崇徳の同母弟雅仁親王の皇子で、美福門院の猶子となっていた守仁親王を立てる画策をはじめていたのである。

近衛天皇の死に直面して、鳥羽上皇は美福門院の希望どおりに守仁親王を立てたいと思った。しかしこの親王の父が健在なのに、それをさしおいて皇子を皇位に就けるのは不穏当であるとの意見も強く、そこで、ひとまずは父の雅仁親王を皇位に就け、つづいて守仁親工の皇位継承を考えた。こうして当時二九歳の雅仁親王が、まったく期待していなかった皇位に就くことになった。これが後白河天皇である。その即位と同時に守仁親王が皇太子に決定したことはもちろんである。

後白河天皇の即位により、皇室内の政争は崇徳上皇側の敗北と決定した。上皇が「治天ノ君」となる途はまったく閉ざされ、崇徳上皇の不満は高まった。他方美福門院とともに、時を得た関白忠通の立場はいっそう強化した。まさに鳥羽院政体制は完成したのであった。

保元の乱と清盛の立場

❖失意の人々

鳥羽院政に対して、強い不満をもったのは、ひとり崇徳上皇のみではなかった。その代表的なものは、先に延暦寺と平氏との紛争のとき、強く忠盛・清盛の流罪《るざい》を主張した人物として述べた悪左府藤原頼長である。この頼長の立場を考えるには、まず藤原摂関家の内部事情をみなければならないが、院政の開始以来、ここにも深刻な対立抗争があったのである。そしてこの摂関家の紛争には、摂関家の勢力増大を阻もうとする白河上皇の積極的な策謀があり、それによって摂関家の分裂が生まれてきたといわれる。

頼長の父忠実は、はじめ白河上皇の信任も厚く院政にも参画していた。そして鳥羽天皇が即位したのちも摂政・関白として内覧に任じていた。しかし白河上皇と鳥羽天皇との間に暗雲がただよいはじめたことによって、忠実の地位も微妙に変化してきた。白河院政の末期近くなって、忠実は白河法皇の意に逆らうことがあって、その怒りをかい、保安元年（一一二〇）一一月に内覧の地位を追われた。そして翌年正月、いったんは内覧に復したが、間もなく罷免《ひめん》され、ついに宇治に籠居《ろうきょ》してしまい、三月に忠実の嫡子忠通が関白の座に就いた。その翌々年、崇徳天皇の即位をみたのであるが、忠通はそのまま摂政となっていた。

この関白交替の前後から摂関家内部で忠実・忠通父子の対立が尖鋭化してくる。もともとこの父子は不和であって、忠実は次子頼長に期待をかけ、したがって頼長もまた兄忠通と対立する傾向があったが、その不和をみて、白河上皇が巧みにその対立を激化させるため、ことさらに忠通を取り立てたという。『愚管抄』には、白河法皇と忠実とが「ひしと中あしく」ために法皇はことさらに忠実を「おいこめて」その子忠通を取り立てたが、そうした「避事《ひがごと》」のために摂関家は「ひしと世をばうしな」ったと述べられている。この記事をそのまま信じるならば、まさしく白河上皇の策動が摂関家の分裂と対立を導き出したものといえよう。

こうして忠通に対抗する忠実は、当然のこととして鳥羽上皇に接近し、鳥羽院政がはじまってもしばらくはその状態がつづいた。そのころ、忠通は崇徳天皇に近かった。長承元年（一一三二）のこと、関白忠通が在職中にもかかわらず、忠実が内覧の宣旨を得た。内覧とは実質的に政治をみる役目であり、通常ならば摂政・関白がその役割を果たすわけである。こうなれば忠通の関白は有名無実となる。このような事態もすべて忠実を信頼する鳥羽上皇の恣意から出たものであった。

ところで、忠実は忠通との不和のためか、とくに次子の頼長を偏愛した。頼長は学識において当代随一といわれ、また性格的に非常に強いものをもった人物であった。頼長は鳥羽院政のもとで、上皇の信任を得ている忠実に寵愛されるという有利な立場にあって、急激にその権勢を高め、兄忠通に対抗する様子をみせてきた。

一方忠通は、崇徳天皇が退位してからのち、巧みに情勢の変化を洞察し、しだいに美福門院や近衛天皇に接近しはじめていた。そしてこの兄弟の対立は、近衛天皇の立后のことでも表面化したが、このときは、頼長の養女多子が、忠通の養女で美福門院が推していた皇子をおさえて皇后となり、皇子は中宮となった。頼長が宮廷内でも優位に立つようになったわけである。

さらに忠実は、近衛天皇の摂政であった忠通に、その地位を頼長に譲るべく強要し、忠通がこれを拒否すると、上皇の力にすがってこれを実現しようとした。しかしさすがに上皇も、忠通に同情している美福門院をはばかって、これを強行することができなかった。そこで忠実は、ついに忠通と義絶し、藤原氏の氏長者《うじのちょうじゃ》の地位を忠通から奪い、これを頼長に与えた。久安六年(一一五〇)九月のことである。そして翌年正月には、ついに頼長に内覧の宣旨を賜ることに成功した。世人はこのやり方に驚いたが、恣意的な専制君主の力を背後にもつ忠実の強引さは、どうにもできないものがあった。こうして極端にまで圧迫された忠通は、ここで巻き返しをはかり、美福門院との結びつきをいっそう密にするとともに、当然起こるであろうと思われた近衛天皇の後嗣問題に自分の政治的生命をかけ、そのために有利な条件となる布石に専念したのであった。

ところが頼長の得意の状況は永続しなかった。専制君主との結びつきは、君主の恣意によって、容易に左右される。それが院政時代の特徴であり、頼長も一つの偶発事件によって、鳥羽上皇から疎外されてしまった。すなわち彼が内覧となった仁平元年（一一五一）の七月に、彼と中納言家成との間に紛争が起こり、その家人たちが乱闘する事件があった。家成は鳥羽上皇側近の寵臣である。このために上皇の心は、たちまちに頼長から離れたというのである。その詳しい経緯はわからないが、院の近臣との衝突は、頼長の運命を急転換させたのである。なおこの中納言家成は、かつて清盛が養われたとの説があった中御門家成であり、清盛となんらかの近い関係があった人物であることに注意したい。この事件について清盛がどうみたかはわからないが、素直に推測すれば、彼が家成の側に立って、一連の動きを観察したと考えるべきであろう。

さてこうして鳥羽上皇の信頼は、むしろ忠通の側に移り、しかもその忠通が極力推した後白河天皇が即位することとなって頼長は決定的な打撃を受けた。頼長も上皇の憎しみを解くことに努力し、とくに彼の妹で鳥羽の皇后であった高陽院泰子の力にすがったが、その泰子も久寿二年（一一五五）の末に死去し、もはや和解の方途はまったく失われた。

こうして失意の頼長は、不遇な崇徳上皇と接近し、その結束をかためていった。彼らの周囲には、鳥羽院政体制からはみ出した不満な人々が集まった。そこには凋落をかこった源氏の棟梁為義もいた。こうして鳥羽院政体制に対する反逆が準備されていった。

❖叛乱の前夜

失意の人々がその勢力を回復するため、残された手段は武力によってその対立者を圧倒することであった。もはや政治上の駆け引きは不可能なほどに権力者から疎外されてしまったのである。しかし武力によって問題を解決しようとすれば、対立者の側も武力を行使して、これを阻止しようとする。ここに二つの勢力の対立はようやく武力衝突の条件をつくりだしていった。当時の貴族たちは、武力に大きな期待をもつまでになっていたが、それでもまだ武士の力を政争の手段として自由に駆使できると考えるような傲慢さを失ってはいなかった。武士たちもまた、実際にはすでに政争の主役となるべき力をもちながら、そうした貴族たちの意識のもとでかり出されたりしたのである。

恵まれない立場にあった源為義は、そのころ、藤原頼長と私的な主従関係を結んでいた。『台記』によれば、為義は康治二年（一一四三）のころ、頼長に対して「初参の礼」を行い、主従の関係を結んだのである。この結びつきは、かつての藤原摂関家と源氏の棟梁との間の主従関係が、そのまま伝統的にもちこされていたものと解すべきであろう。頼長はこの源氏の主将を、私的な主従関係のもとにおいた「侍《さむらい》」と意識していた。為義としても、そのような主従関係を結んでいる限り、主家に忠誠を誓うのは当然である。しかも自分自身が不遇であるばかりか、主人の頼長も失意の極にある。その頼長が一挙に退勢を挽回しようとするとき、為義がこの挙に献身するのも別に不思議ではない。

頼長は為義をはじめとして、彼が私的主従関係のもとに従えていた武士たちを、政争のための武力の中核として動員することを考えていた。それに加えて、崇徳上皇とその協同者たちの名による武士の結集を期待していた。頼長は、自分の野望の達成のために、まず私的従者たる武士たちを動かし、当面の敵を打破しようとし、しかもそのために、それらの武力だけでこと足りると判断していた。

しかし為義などは別として、すでに自主性を高めている武将たちの去就は、必ずしも頼長の期待どおりではなかった。また彼ら京都における有力武将たちは、崇徳上皇の召集に簡単に応じるには、すでにあまりにも怜悧な政治的洞察力を養っていた。というより、そうした有力武将の多くは、清盛をはじめとして、すでに鳥羽上皇の側に引き寄せられていたとするのが正しいであろう。

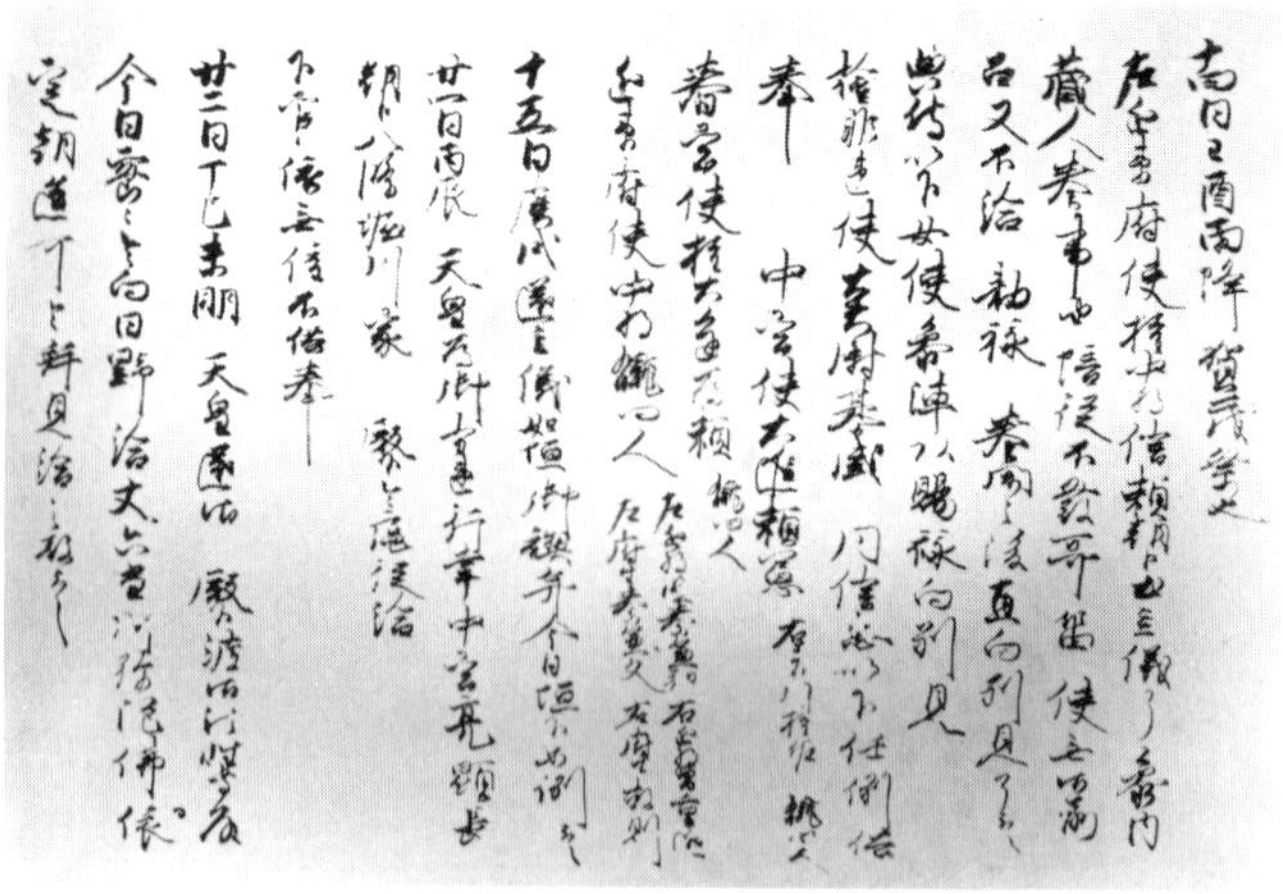

『兵範記』（陽明文庫蔵）

後白河天皇の即位が実現したころ、それまで専制的な政権を維持しつづけてきた院政当局者の側には、それだけすぐれた政治力が備わってきていた。鳥羽上皇はあらかじめ頼長一派の叛乱を予想し、その体制を守るべき武力の結集を準備していたのである。『愚管抄』および平信範の日記『兵範記《ひょうはんき》』によれば上皇は平清盛・源義朝・源義康をはじめ、一〇名の武士たちに誓紙を書かせ、後白河天皇を守るべきことを約束させていたという。彼らはいずれも地方武士団を大きく組織していた武家の棟梁である。彼らはその武士団を率いて京都にいたわけで、それが貴族たちの政争で大きな役割を果たしたのであった。

ところで、この『愚管抄』によれば、平清盛ははじめから後白河天皇方の武力として、その結集計画にはいっていた。ところが『保元物語』によると、清盛は鳥羽上皇の生前の交名《きょうみょう》（人名書き）にはみえず、その理由は清盛が重仁親王と乳母子《めのとご》の関係にあったからだとする。そして乱が勃発したとき、その去就が注目されたが、美福門院は清盛の武勇にすぐれていることを考え、上皇の遺詔と称してこれを召したので、清盛は後白河天皇方に参加したという。すなわち「清盛いかが思いけん、是れも内裏へまいりにけり」とあり、女院の召によって結局は天皇方に参加したが、清盛が思惑をもって政局を静観していたごとき印象を与える。しかも『保元物語』によれば、あらかじめ準備された武力は、義朝・義康のほか、源頼政・平信兼・平実俊の五名ということになっている。いずれの説が正しいか速断はできないが、これまでの鳥羽上皇と清盛との関係から考えれば、どうも『愚管抄』に従うべきではないかと思う。『保元物語』の説は、戦記文学における虚構としておきたい。

さてこうして武力結集の準備をした鳥羽上皇は、保元元年（一一五六）六月の末ごろ、その病が重く危篤に陥ったが、その際に院宣を下して、義朝・義康に天皇を守護させ、源光保・平盛兼らを上皇の御殿に伺候させた。『兵範記』には、その理由を述べて、「鳥羽院の崩後、崇徳上皇と頼長が同心して、軍をおこすとの噂があり、その御用心のためである」と書かれている。情勢はいよいよ切迫していたようである。

❖保元合戦

政界に危機がせまりつつあった七月二日、鳥羽上皇は世を去った。後白河天皇側は、美福門

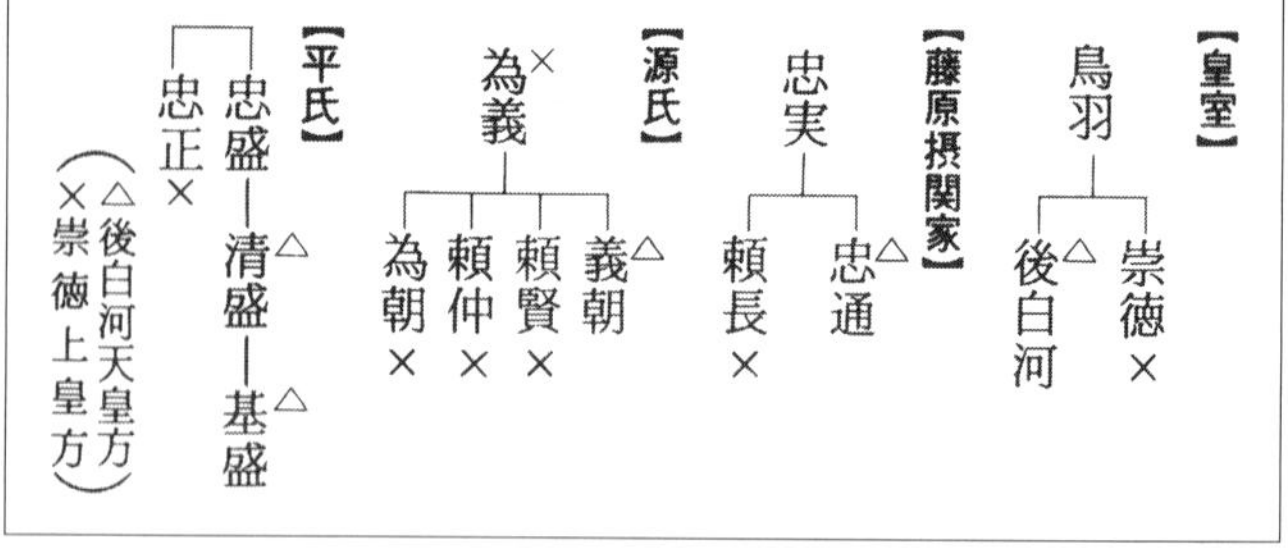

保元の乱 関係図

院を中心に、いよいよ積極的な手をうち、検非違使に命じて京中の武士を取り締まらせ、さらに平基盛（清盛の第二子）、源義康らに内裏の高松殿の警備にあたらせ、また源義朝に命じて、高松殿の北隣にある摂関家の本宅、東三条殿を接収させたりしている。

これに対して崇徳上皇方も武士の召集をはじめた。上皇は七月九日の夜半に白河殿にはいり、ここを本拠にいよいよ行動を開始した。一〇日には頼長も宇治から上洛してここにはいり、予定された武士たちが参集してきた。そのおもなものは、為義とその子息の頼賢・頼仲・為朝・為仲らの人々、大和源氏の源親治、摂津源氏の源頼憲、そして清盛の叔父の忠正、伊勢平氏の傍流の平家弘・頼弘父子などである。その中心はいうまでもなく為義であったが、源氏譜代の郎等の多くは義朝に率いられていたため、その軍勢は期待されたほどでもなかった。それでも白河殿に集まった軍勢は一千余騎となったという。

上皇が軍兵を集めるのをみた天皇方でも、直ちに高松殿に兵を集めた。すでに守護にあたっていた義朝・義康のほかに平清盛・源頼政・平信兼（盛兼の子）ら、千七百余騎の軍兵が集まった。この軍兵の召集など、表面的にはすべて美福門院が取り仕切ったが、実際は後白河天皇の信任を得ていた策士、少納言入道信西（藤原通憲）が中心となって、武力の結集をすすめたのであった。そして一一日の未明、天皇方は義朝の作戦に従って、機先を制して白河殿に攻撃をかけることとなった。この軍議で、はじめは清盛は内裏の守備に残ることになっていたが、信西が反対して攻撃軍に加えたともいわれる。信西は、とくに清盛に戦功をたてる機会を与えるための努力をしたのである。

白河殿は賀茂川の東側、祇園の北方の地域にある。内裏の高松殿は三条西洞院のあたりである。このとき清盛は三百余騎を率いて二条通りから、そして義朝の二百騎は大炊御門通りから、また百余騎を従えた義康は近衛方面から、白河殿に殺到したといわれる。

上皇方では作戦計画について、足並みがそろわず、むだに時を過ごしている間に、敵の攻撃を受けた。為朝の目覚ましい奮戦もあって、激戦がはじまり、とくに清盛は大炊御門の西門で、為朝のために一時は後退を余儀なくされた。しかし辰の刻（午前八時）には白河殿に火がかけられ、勝敗はきわめて短時間の間に決まってしまった。敗れた上皇方のなかで崇徳上皇と頼長との行方はわからなかったが、天皇方は残敵を追って法勝寺まで捜索したのち、正午ごろには、清盛以下内裏にひきあげた。天皇のもとではその夜直ちに軍功の賞が行われ、このとき清盛は播磨守に任ぜられたのである。そしてこの論功行賞があってのち、清盛は直ちに為義追討のために東坂本に発向した。しかし延暦寺大衆と衝突したため、兵をひいて引き返した。この時は無用の紛争を避けねばならないと判断したからであろう。

のちになって、頼長は戦いのなかで流れ矢に当たって死んだことがわかった。また上皇は仁和寺に逃れたが一三日に捕らえられ、のち讃岐に流された。そして為義以下上皇方の武士の多くは降ったが、その多くは斬首された。これまで約二五〇年の間みられなかった死刑が大量に行われたのであり、それは人々に強烈な印象を与えるのであった。そしてこれは信西の主張によるものであった。

保元の乱に戦功をたてた清盛にとって、乱後の一つの試練は、叔父忠正の処分のことである。清盛を頼って降った忠正も結局は斬られたが、そこには清盛の深い見通しがあったという。すなわち『保元物語』に、「此忠正と申は清盛が伯父なりければ、申預て助けたりけるを、我伯父を切らずば、義朝父を切ることよもあらじと思ければ、信西に内々いひ合て、清盛申請て切けるとぞ聞えし」とある。清盛は一族の忠正の死を代償として、源氏の為義父子の滅亡をはかり、義朝一人を残して、その勢力を極端に削減することに成功したのであった。

またこの乱により、朝廷貴族たちにも、新しい時代がきたことが感知された。もはや政界の対立抗争の解決には、結局のところ武士の力を利用する以外にないことが証明され、したがっていまや抗争の主導権を武士勢力が握る傾向さえみえてきた。またそのために、抗争はすべて徹底的な勝敗が求められるようになった。まさに「武士の世」の到来である。こうして政界における武士の地位が重要となってきたが、この時点での武士勢力の代表は、当然この乱の勝利に力のあった平清盛と源義朝とであった。

平治の乱と清盛

❖新しい対立関係

保元の乱の勝利によって、鳥羽院政体制の申し子であった後白河天皇の政権は、無事に守られた。鳥羽院政のしいた路線の上をそのまますすむならば、やがて近い将来に、鳥羽上皇以下の本来の目的であった皇太子守仁親王の即位が実現するはずであった。そして実際に保元の乱の二年後の八月には、後白河天皇が退位し、守仁親王が即位して、二条天皇となった。この二条天皇は、賢主の誉れが高く、そのためか天皇親政の共鳴者が多かった。二条天皇が「治天ノ君」になることは、まさに鳥羽上皇路線の究極目的でもあった。

しかし、いったん皇位に就いた後白河天皇は、皇位を皇子に譲ったのちも、政権そのものを譲る考えはまったくなく、むしろ積極的に院政を行なう意志を示した。そのことから中央政界内部にふたたび対立と混乱が生まれる。後白河院政のもとでは、貴族たちの間で政治権力をめ

信西の屋敷

ぐる新しい争いが展開しはじめた。しかも今度は、ようやく実力を自覚してきた武士の棟梁たちが、その政争に加わるようになったのである。

この時代の政界で大きく対立したのは、後白河上皇の院政派と、二条天皇を擁する天皇親政派であるが、両者の対立は、二条天皇の即位ののち、まもなく明瞭となってきた。前者の中心はいうまでもなく少納言入道信西であり、また院の近臣の藤原信頼・藤原成親らであった。そして後者すなわち天皇親政派の中心は藤原経宗・藤原惟方である。そして平清盛は、どちらかといえば後白河上皇の庇護《ひご》を受け、信西と接近して、院政派に近い存在であった。清盛が信西の子成範を女婿にしたことなどに、その親密度を知ることができる。

ところで、この二大勢力の対立の間に、さらに複雑な抗争があった。それぞれの派のなかにも種々の立場があり、複雑な様相を示していたのである。たとえば親政派のなかにも、純粋に二条天皇の親政を期待するものばかりではなく、上皇の側近として権力を振るう信西に対する反感から、その反対陣営に集まったものも多い。そしてとくに院政派の内部では、院の近臣の間に、権勢をきそって深刻な対立が生まれていた。

そのなかでもっとも顕著なのは、信西と左兵衛督藤原信頼の対立である。ともに院の近臣で強く上皇の庇護を受けていたが、はじめから権勢をきそって反目していた。そしてとくに信頼が近衛大将を望んで、信西に阻まれたことが直接の原因となって、信西への反感が深刻化していた。一方、信西は、はじめから信頼の人物に疑問をもち、彼を謀臣と決めつけていたので、むしろその失脚を狙っていた。九条兼実の日記『玉葉』に、あるとき信西が清原頼業という人に語って、

後白河院は、和漢を通じて類の少ないほどの暗君である。謀叛の臣が傍にいるのに全然知らず、なんとかそれに気づくように仕向けてもいっこうにわからない。

といったという話が残っている。彼のいう謀臣とは信頼のことである。信西は学識が高く、術策にたけていたが、それだけに自分を信ずるところが強く、敵をどこまでも追及する性格であった。そのために敵を多くつくることとなり、やがてはしだいに孤立しなければならなくなった。

こうして信頼の不満はつのったが、彼の立場に同情して接近する人々もあった。たとえば同じ院の近臣の藤原成親であり、さらには親政派の経宗・惟方らである。ここに反信西のグループが形成されてきたといえよう。

他方、武士勢力のなかでは、源義朝が保元の乱に戦功がもっともあったと、自他ともに認め

ていたにもかかわらず、わずかに左馬頭《さまのかみ》となったにすぎず、あまり戦功のなかった清盛が播磨守となり、ついで大宰大弐《だざいのだいに》にすすむのをみて、大きな不満を抱いていた。その不満は清盛に対する反感ともなる。もともと武士の勢力を二分する両者であるから、対立意識が強まるのは当然であるが、義朝の不満は、その対抗意識をいっそうかきたてていった。義朝は清盛に遅れをとったのを挽回するため、信西に接近しようと考え、信西の子是憲を女婿に迎えようとしたが、すげなく断られた。信西は清盛と親しくしながら、源氏の面目をつぶしてはばからなかったのである。信西のこうした態度は、故意の挑発であったかもしれない。義朝は、いよいよ清盛および信西に対する敵対意識をかためていった。

❖反院政派のクーデター

こうした複雑な対立のなかで、清盛はすぐれた政治的才能を発揮していった。保元の乱後、武士の力を認識した後白河上皇が、すべての政治において武士の棟梁の力を利用しようとする態度をとったとみられるが、清盛はこの上皇の態度に便乗して、上皇との接近をはかり、その庇護のもとで政治的地位を向上させることに努めた。彼が保元三年（一一五八）に大宰大弐に栄進したのも、その効果の一つであった。また清盛は、その父祖の正盛・忠盛と同様に、上皇の崇仏事業を後援することも忘れなかった。

（小堀鞆音筆）

平治元年（一一五九）の二月、清盛は上皇御願の白河千躰阿弥陀堂を造営して、その落慶供養に上皇の臨幸を仰いでいる。上皇と清盛との間が、かなり接近していたことがわかる。

しかしこの年の一二月、彼はまた一つの危機に直面した。すなわち平治の乱の勃発である。時に清盛は四二歳であった。

平治の乱は、朝廷貴族たちの対立のなかで、反院政・反信西の人々が結集して起こしたクーデター事件であった。後白河上皇および信西に反感をもつ信頼・経宗・惟方らの結合に、やがて義朝が参加して、反院政派の武力ができた。そこで彼らは信西を除き、清盛を

平治合戦図

打倒するための計画をたて、平治元年一二月に兵をあげたのである。この計画には、藤原成親や源頼政なども加わっていた。

一二月四日、清盛は重盛以下一門の人々をつれて熊野参詣に出発した。清盛が京都を離れたのを機会に、信頼・義朝らは行動を起こした。九日の夜半、彼らはまず上皇の御所の二条殿を襲って火を放ち、後白河上皇を内裏に移して天皇とともに幽閉した。また同時に信西の邸を攻めて、これを焼き打ちにした。不意を襲われた信西は、いったん逃れたが、数日の後、情勢に失望して自害をはかったところ、検非違使源光保に発見されて首を打たれた。

切られた信西の首を西獄門にかけるところ（平家物語絵巻より）

こうして信頼らは朝廷を完全に支配することに成功した。信頼はまず一〇日に太政大臣以下の非常召集を行なって、信西の子息の参議俊憲、右中弁貞憲らの解官を定めた。なお俊憲は越後に配流されることとなった。

また信頼は、一三日に信西の死を知ると、計画の大きな目的が達せられたことを喜び、さっそく、信西を梟首《さらしくび》にすることを決した。ついで一四日には信頼みずから除目《じもく》を行い朝廷から信西派を一掃し、自分は大臣・大将となり、義朝を播磨守に、また義朝の嫡子頼朝を右兵衛佐に任じたりした。信頼は、天皇および上皇を武力によってその陣営にひき入れ、彼らのクーデターはひとまず成功したのであった。

一方、熊野詣での旅をつづけていた清盛は途中で、六波羅からの使者を受け、事変のことを知った。それが何日のことかは必ずしも明らかでない。また彼のもとに使者が到着したところも、あるいは切部《きり》といい、あるいは田辺ともいい、確定できない。しかし彼は信頼らの挙兵の五日前に都を出ており、また挙兵から八日目には帰京している。彼が都を離れていたのは一二、三日である。そうすると、彼は都からおよそ五・六日の行程の地で事変の急報を受けとったに相異ない。

急報を得た清盛は、急ぎ帰京しようとしたが、旅先のこととて軍勢も不足し、武器も乏しく、しかも京都の様子はほとんどわからず、前途の不安が多かった。そのため一時は帰京をためらったが、紀伊国有田郡の在地武士湯浅宗重が三十余騎を引きつれて馳せ参じ、また、熊野別当の湛快《たんかい》が鎧《よろい》以下の武具を献じて援助したので、さっそく六波羅に向かうこととなった。また急遽使者を送ったのであろうか、伊勢地方の伊藤氏・加藤氏など平氏の郎等たちが、兵を率いて途中の安部野で待ちうけていた。こうして都合一千騎となった清盛の軍勢は無事に帰洛し、本拠の六波羅にはいることができた。一六日夜半のことである。

明けて一七日、信頼の命によって、信西の首が、検非違使の手で臭首されている。そして、その日、京中には内裏方（信頼・義朝）と六波羅方（清盛）との合戦がすぐにでも始まるとの噂が、しきりに流れていた。

❖六波羅の勝利

しかし六波羅にはいった清盛はなかなか動かなかった。彼は巧みにその意図をかくして、事態を静観していた。ただ六波羅に集まった兵力はしだいに大きくなり、その勢いのさかんなこ

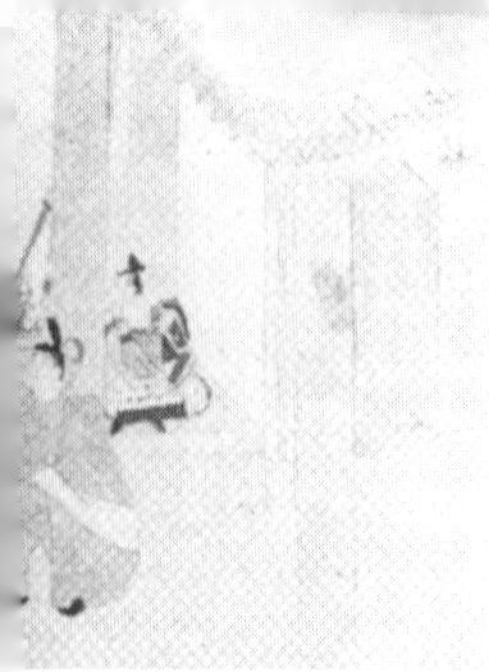

(1)

(2)

(4)

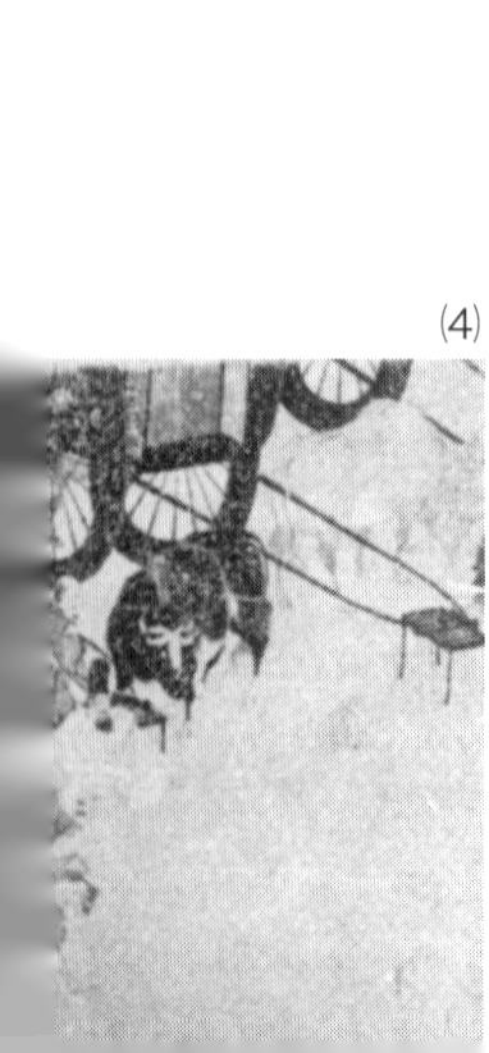

天皇の逃避行

上から
(1)女装して牛車にのる。
(2)平家方の出迎えをうける。
(3)六波羅へ向かう。
(4)六波羅へ参向する公家や武士たち。
（平治物語絵巻より）

(3)

とを示していた。しかも清盛は兵を動かさないばかりか、信頼に対して名簿《みょうぶ》を提出して服従を誓い、異心のないことを表明したりした。

しかしこれは、清盛の巧みな策謀で、相手を油断させる方便にすぎなかった。六波羅の勢いのさかんなのをみて、天皇親政派の経宗・惟方が、この時点で変心し、ひそかに清盛と連絡をとり、天皇救出をはかっていたのである。すでに政敵の信西を倒した経宗・惟方は、信西と対立しながらも有力な院政派であり、したがって本質的には彼らの政敵でもあった信頼を、一挙に打倒するとともに、また危機にある清盛を自分たちの仲間に入れようと、その政策を変更したものと思われる。

こうして二五日の夜、彼らは清盛とはかり、火を二条大宮に放ち、宮門を守っていた武士たちが、持ち場を離れて救援に出てしまった隙に、天皇および中宮をひそかに脱出させ、六波羅の邸に移すことに成功した。このとき清盛は三百騎を遣わして、天皇を迎えたという。

天皇が六波羅邸にはいると、清盛は直ちに前関白忠通をはじめ、公卿たちを六波羅に祇候させた。このとき公卿以下、多くの貴族たちは、続々と参集したという。『愚管抄』によると、関白基実もまた祇候したが、彼は信頼の妹婿で信頼とは関係が深く、人々は彼に対して疑惑を感じていたので、その処置を清盛に問うたところ、彼は「摂政関白が天皇のもとに来なければ、当然これを召し出すべきである。ところが彼が来たのだから、それでよいではないか」と答えたので人々もこれに納得した、という。清盛の度量の大きさと、彼の自信の深さを示す話といえよう。

　天皇をその陣営に迎えることができた清盛は、はじめて天皇の命によって戦うという名分を得た。朝廷方としての立場を求め、まさにこの機会を待っていたのである。

六波羅合戦の図

　そのころ、後白河上皇もひそかに仁和寺に脱出していた。上皇はこの政争では一応その圏外にあったが、天皇に逃げられた信頼・義朝にとっては、上皇も一つの名分の拠り所となる。ところがその上皇も脱出したので、信頼以下はまったく孤立してしまった。この時点で、義朝と清盛との立場は逆転したのである。信頼・義朝は賊徒として討伐される立場となった。

　清盛は、翌二六日、信頼・義朝追討の宣旨を得て、攻撃を開始した。このとき清盛は六波羅の守備のためにとどまり、攻撃軍は重盛・教《のり》盛《もり》・頼盛らの平氏一門を中心として三千余騎をもって、大内裏にせまった。この平氏軍の攻撃に対して、義朝らは奮戦して、いったんこれを退けたが、勝ちに乗じて平氏軍を追撃する間に、平氏軍の一部は内裏を占領してしまった。また義朝が軍をめぐらして六波羅に攻めかけると、平氏軍も出撃して六条河原において激戦が展開された。しかし義朝軍は、源頼政が約を破って兵を動かさなかったために大敗してしまった。

首謀者の信頼は、仁和寺に逃れて、上皇に助命したが、捕らえられて斬られた。

こうして京都の混乱は、清盛の武力によって一応収まった。戦に敗れた義朝は一族主従二十余人を従え、東国に逃れようとして、まず近江にはいったが、ここで延暦寺の衆従たちに邀撃され、叔父の陸奥六郎義隆が討たれ、他は美濃に逃れた。

二八日、論功行賞の除目が行われ、この合戦に功のあった平重盛は伊予守に任ぜられ、また頼盛は尾張守、教盛は越中守、経盛は伊賀守となった。清盛はこのときには行賞を受けていないが、やがて半年ほど後に、正四位下から一躍正三位となり、次いで参議に列している。ところで東国に逃れた義朝一行は、美濃国青墓で次男の朝長が死に、またここで行動を別にした長子義平は、のちに捕らえられて斬られた。そしてこの合戦に、一三歳で初陣した頼朝は、雪中で一行とはぐれて捕らえられたが、池禅尼の助命によって斬殺をまぬかれ伊豆に流された。義朝自身は尾張までのがれて長田《おさだ》荘司忠致に頼ったが、明けて永暦元年（一一六〇）正月、忠致のために謀殺された。

こうして平治の乱は、清盛以下平氏一門の武力によって収拾された。はじめ清盛にとって状況は不利であったが、大局を洞察した清盛が、みごとに逆転の勝利をつかんだのである。乱の結果、平氏の対立者であった義朝以下の源氏一門は、ほとんど滅びてしまった。武力をもつ勢力としては平氏のみとなり、朝廷貴族たちの政争に武力が必要とするとき、平清盛に頼る以外に方法がないという状態になった。要するに政治権力を守るための武力が、平清盛の独占するところとなったのである。そのことはまた、のちに清盛が政権を掌握するうえでの、大きなきっかけともなったといえよう。

なお、この乱の後始末について、清盛は源頼朝を助命したばかりか、義朝の妾常盤《ときわ》が産んだ今若・乙若・牛若（義経）の幼い三兄弟の命をも助けている。『平治物語』によれば、これらの助命について清盛は、「池禅尼のさりがたく宣へば、頼朝をだにたすけておくに、それより少者ともをうしなわんこと、ふびんにおぼゆるぞ」と語っている。これは一つの説話ではあろうが、清盛の寛大な愛情をもった人間的側面を物語るものとされているのである。

V

権勢への道

清盛の栄達

❖平治の乱後の政局

信頼一派のクーデターは失敗し、事件は一応平清盛の武力によって収拾されたが、中央政界が安定をみるには、その後数か月の日時が必要であった。乱後の政局は、後白河上皇と二条天皇親政派の対立を深化させながら、不安定なまま推移するのである。

平治の乱の経過を考えると、この乱の立役者は天皇親政派の経宗・惟仲らであり、また結果的に乱の勝利者となったのが清盛であることが明瞭である。清盛の成功は、天皇派の勢力を味方にひき入れることによってもたらされたのであるが、もともと信頼らに兵をあげさせたのは天皇親政派であり、また巧みに清盛の武力を利用して、院政派の有力者たちを一挙に倒してしまったのも彼らである。天皇親政派にとっては、まさに大成功であったといわねばならない。

後白河上皇は、自ら仁和寺に逃れることができたけれども、そのもっとも頼りにしていた信西を失い、信西派の人々はほとんど失脚し、公卿たちの多くから見放されてしまった。しかも最後の結着をつけた戦闘は、天皇を奉じた清盛によって行われ、上皇はこの乱の鎮定そのものには無関係な存在として、いわば傍観者の立場におかれていた。乱が収まり、政局を収拾する段階で、はじめ上皇の発言権がほとんどなかったのも当然であった。

こうして政局収拾の主動力は、清盛の武力を近くにひきつけた天皇派の側にあり、彼らの勢力は院側を圧倒し、いまや天皇親政の実現を公言するほどであった。『愚管抄』によると、経宗らは、「世ヲバ院ニシラセマイラセジ、内（天皇）ノ御沙汰ニテアルベシ」と放言したという。そしてこれに対して上皇は、清盛に涙ながらに述懐して、「我ガ世ニアリナンハ、コノ惟方・経宗ニアリ」とその苦衷を訴え、この天皇親政派の中心人物をひどく憎んだということである。これは平治の乱が収まった翌年正月ごろの、上皇と天皇派の対立がいよいよ深化した状態を示したものであった。

このような対立状態のなかで　清盛はまた巧みに動きながら、その勢力の主体性をかためはじめた。もはや唯一の武的勢力となった平氏である。上皇派であろうと、天皇派であろうと、武力をもつ清盛には、これが敵方にまわった場合のことを考えて、大きな脅威を感じていたに相異ない。それゆえに上皇も、極力、清盛を自分の側にひきつけようと努力したが、信西がいなくなったためか、これを近くにひきつけて、その力を独占することは、必ずしも容易ではなかった。それに清盛は、これまでの行動のうえからすれば、この時点において、明らかに天皇親政派に近かったのである。ところが慎重な性格の清盛は、その立場を明確にせず、上皇に奉仕することも怠らなかった。清盛も、他の人々と同様に、後白河院政には、かなり批判的であったが、慎重に行動して、上皇にも天皇にも、なにくれと気をつかって奉仕していたという。『愚管抄』にはそうした清盛の態度を「アナタコナタシケル」と述べている。「アナタコナタ」するのはまさに清盛の政界遊泳術であった。正盛・忠盛以来の平氏の伝統であった八方美人的な処世術が、清盛のなかにも生きていたのである。そして、そのためか、この清盛が政界に台頭した時期には、貴族たちの間でも、すこぶる評判がよかったらしい。

ところで上皇と天皇派の対立は激化したが、上皇は永暦元年（一一六〇）二月、突如として経宗・惟方の逮捕を清盛に命じた。それは彼らの政治的専権がとくに目立ったためといわれる。上皇としては、彼らの態度が、目にあまるものがあったのであろうが、明らかにその退勢を挽回するための巻き返しであった。清盛はこの命令に従って彼らを捕らえた。その結果、経宗・惟方はそれぞれ阿波国および長門国に流罪となった。次いでこの年の六月には、前出雲守源光保という人が上皇の命を狙ったということで捕らえられ、薩摩に流されるという事件もあった。これも天皇親政派に対する攻勢の一つといわれる。清盛の力を巧みに利用した上皇の積極策により、それまで有利にすすんでいた天皇親政への道は頓挫《とんざ》したのである。

その後も、両派の暗闘はつづくが、このころから後白河院政のもとで、政局がようやく安定しはじめた。それは清盛がしだいに上皇と接近していったこととも関連する。そこではようやく政界での上皇の主導権が形成されはじめた。

先にもふれたように、平治の乱の戦功の意味もあって清盛が正三位に昇進したのは、この六月のことである。『公卿補任』にはこれを「六波羅に行幸の賞」とある。そのころ、六波羅の清盛邸に行幸のことがあったのであろう。しかし、その行賞は形式を整えたまでで、政局の一応の安定をみたうえで、また上皇が清盛をひきたてる意味もあって、この時に戦功の行賞があったに相異ない。清盛は次いで八月に参議となり、九月には右衛門督を兼ねるに至った。

❖後白河上皇との接近

清盛が正三位・参議となったことは、彼がはじめて公卿の列に加わったことにほかならない。公卿というのは大臣以下、大納言・中納言・参議の諸官で、原則としては三位以上の公家がこれに任じ、律令制度のもとでは朝議に参画して、朝廷政治の中心となる人々である。武士階級出身で公卿に列したのは、この清盛が最初であって、このことは京都の貴族たちの政権の内部で、はじめて武力を有するものが制度のうえでも正式な発言権を得るに至ったことを意味するのである。

後白河上皇は、その権勢を確立するために、実力のある清盛を利用しなければならない。しかも清盛の実力は、この扱い方を誤れば、いつ貴族の政権に敵対する存在となるかもわからない。彼の背後にある地方武士たちの力は、当時すでに不気味な圧力となっていた。そこで上皇は、この武士の棟梁であり、唯一の実力者である清盛を、上流貴族の仲間に入れ、彼の立場に公卿（＝貴族政権の分担者）としての制限を与えながら、しかもその武力を貴族政権の維持のために利用するという方法を考えたのであった。清盛としても、もちろん中央政界の実力者として、名実ともに政権の担当者の列に加わりたかったであろう。彼は喜んでこの栄誉を受けたものと思われる。

しかも清盛は、その翌年、応保元年（一一六一）正月に検非違使の別当（長官）に兼任された。この職は以前に藤原惟方がもっていたもので、彼の失脚後、権中納言藤原公光が一時兼ねていたが、それが清盛の手中にはいったのである。検非違使とは、本来の律令制度の外にある官職であるが、この時代には貴族たちの政権とその政治体制の武力的背景となっている警察組織である。上皇は親政派をおさえるために清盛を公卿の列に送りこみ、しかも検非違使別当にすえて、警察組織のなかから天皇親政派の勢力を排除してしまったのである。

こうして清盛は乱後の、貴族社会内部の対立の間を巧みに立ち回りながら、上皇の積極的なひきたてを受けて、貴族社会にその地歩を占め、政治の中心に進出してきた。それは平治の乱の勲功の結果というより、むしろこの時期の政治の動きのなかから生まれた成果というべきであろう。こうして清盛は後白河上皇に利用されながら、栄進するとともに、しだいに上皇との接近をすすめていったのである。

そのころ、清盛が上皇と緊密な関係となる原因がもう一つあった。それは清盛の妻時子の妹滋子が後白河上皇の寵愛を受け、応保元年（一一六一）に皇子憲仁《のりひと》親王を産んでいることである。これによって清盛は、宮廷内部とも密接な関係をもつことともなった。

もっとも、この皇子の誕生をめぐって、天皇派の上皇に対する反撃もみられた。すなわち滋子の兄で、上皇に厚遇されていた平時忠らが、この親王を皇太子に立てんとの陰謀を行ったとの理由で、応保元年九月時忠のほか事件に関係した藤原信隆・藤原成親以下六名の上皇の近臣が解官されたのである。この事件は、その翌年一二月に、やはり上皇の近臣の源資賢・通家父子が、賀茂社に天皇を呪咀《じゅそ》したということで流罪になった事件とともに、上皇と天皇との対立から生まれたものである。それにしても清盛の義弟である時忠の事件は、清盛と無関係ではなく、上皇に対してばかりか、上皇と接近していた平氏一門に対する攻撃でもあった。これは清盛にとっても打撃であったに相異ない。

しかし清盛はこの事件の直前に権中納言となり翌応保二年（一一六二）八月には従二位にすすみ、公卿としてもかなり早い昇進をしている。このころ、清盛は上級貴族の仲間にはいり、平氏一門の貴族化の道を積極的に推進していたのであろう。彼は長寛二年（一一六四）に女盛子を関白藤原基実に嫁させ、藤原摂関家、とくに近衛家と接近する手段をとっている。昔日の勢威こそ失ったとはいえ、摂関家は京都の貴族のなかで、最高の権威をもつものであり、これと姻戚関係をもつことは、公卿の清盛としては非常な名誉であったとともに、その地位を保つうえでも、もっとも有利な条件であった。また彼は摂関家が平氏の反対勢力となることをも防いだのであった。

そしてこの年の一二月、かねてから上皇が清盛に造営を命じていた蓮華王院（三十三間堂）が完成した。清盛はその巨大な財力をもって、この事業を成しとげたのである。そして盛大な落慶供養が上皇臨席のもとに行われたのであるが、上皇がこの供養に二条天皇の参加を希望したにもかかわらず、天皇はまったく協力しなかった。このことからみると、当時は後白河上皇の「治天ノ君」としての権力も、それほど強くはなく、天皇の側の反発もかなりあったものと推定される。また、それゆえにこそ上皇は、いよいよ清盛の勢力に頼るところが大きく、これとの接近を強めたものと思われる。上皇と清盛は互いに提携しながら中央政界の権勢を高めていったものといえるのである。

❖横紙破りの性格

後白河上皇と清盛との接近は、たんに政界を乗り切るための方便とばかりとはいえない。ふたりの間には性格的にも共通した点が多かったようである。その性格の一致から、はじめは気も合って協調したのであろう。そして後になって両者の鋭い対立がみられるのも、根本はその性格の似たことが原因となったと思われるのである。

そして上皇と清盛との性格の共通点を一言にしていえば、その「横紙破り」な性格であった。上皇の側近にいた信西が上皇を評して、「制法にかかわらず」と言ったと伝えられるが、これは古いしきたりに拘束されず、自分の思うままに大胆に振る舞ったということである。この性格は、清盛にも多分にあった。彼が若いころに神輿に矢を立てたのも、そうした性格から出た行動でもあった。上皇と清盛とのそうした性格をあらわす説話は少なくない。

その一つに清盛が祈禱《きとう》の効果を信じなかったという話がある。当時の貴族社会では、というより一般庶民に至るまで、神仏の不思議な力を心から信じていた。したがって加持《かじ》祈禱のことは、当然、効力のあるもので、もし効果がなければ、その祈禱の力が足りないものとしか理解しなかった。そういう時代のことである。

ある年、春からひでりがつづいたとき、澄憲《ちょうけん》という僧侶が祈禱によって大雨を降らせ、人々が賞賛を惜しまなかった。ところが清盛は、「春からひでりが続いているのだから、五月雨《さみだれ》のころになって雨が降るのは当然であろう。病人でも時期が来れば自然に治るが、たまたまそのころに診察した医者が名医と呼ばれる。これと同様で、祈禱をしたから雨が降るなどとは、ばかげたことだ」と嘲笑した。彼は祈禱など迷信だと公言したわけである。

またこういう話も残っている。

あるとき宋の明州《めい》の長官から贈り物があったが、その手紙が無礼だというので、貴族たちの多くは、贈り物を返却し、返事も不要だとの意見であった。しかし清盛は贈物を受けとり返書ばかりか、返礼の品をも贈った。しかもその返礼の品のなかには、輸出を禁止されていた武器も含まれていたという。これは貿易の利のためには、形式的な体面とか、従来のしきたりなどを無視する清盛の新しい感覚が語られている。まさに「制法にかかわらず」という態度であろう。

また清盛は、宋の商船が兵庫に入港したときに、後白河上皇を摂津福原の別荘に招いて宋人を御覧にいれた。当時の常識では、上皇や天皇が外国人を引見するなどとは、もってのほかのことである。すでに遣唐使が廃止されてから三世紀に近い年月が経過して、当時の日本は一種の鎖国状態であった。そのため貴族たちには強い排外意識があった。この事件について、貴族のなかには、これこそ「天魔」のしわざであると非難するものもあったが、上皇にしても、清盛にしても、そうした古い貴族たちの考え方やしきたりには頓着しなかったのである。こういうところで、上皇と清盛とはかなり気の合う間柄であった。

また承安三年（一一七三）ころからはじめられた兵庫の築港は、清盛の社会的事業として、そのすぐれた見識を後世にもてはやされたものであるが、たとえそれが清盛自身の利益の追求のための対宋貿易の便宜から出たものにせよ、たしかに清盛の進歩的な見識をあらわすものであろう。そしてこのことと関連して語り継がれてきた「経ヶ島」の伝説も、いかにも清盛の進歩性をあらわしているものといえよう。すなわち、「この築港の工事に際して、それまで工事に先立って人柱をしずめるという習慣があったのをやめ、かわりに一切経の文字を書いた石をしずめて島（築港）の基礎とした。そこでこの島を経ヶ島と呼ぶ」というものである。ただし、これは後世につくりだされた伝説であろう。

❖神仏の崇敬

このように「横紙破り」で祈禱の効果などをも否定したらしい清盛であるが、彼はけっして神仏そのものに無関心であったわけではない。後白河上皇の場合と同様に、清盛の神仏崇敬の念はけっして人後に落ちず、その経済力を背景として多くの崇仏事業を行っている。その顕著な例が、すでにこの時期の清盛にみられるのである。

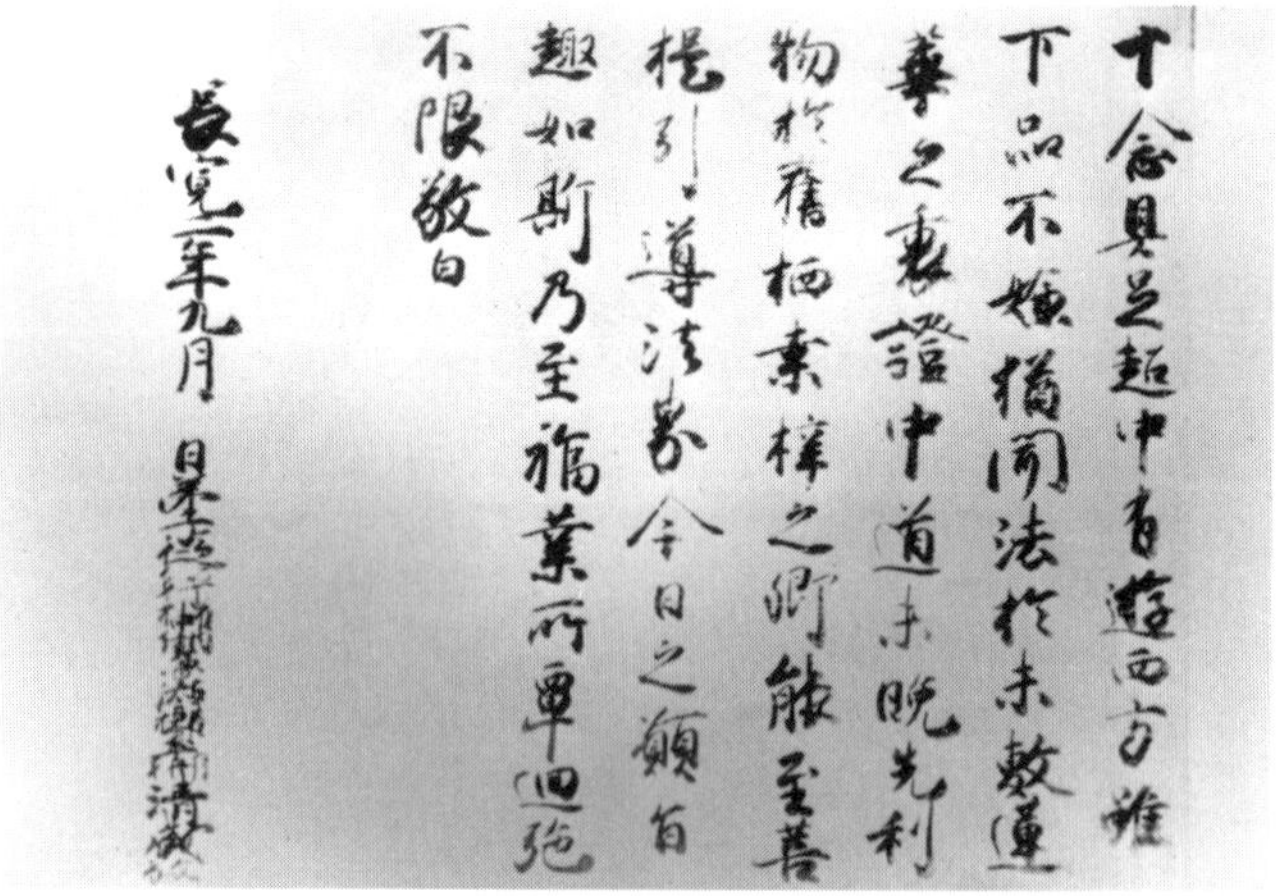

平清盛自筆願文

彼がとくに厳島神社および熊野社の信仰を強くもっていたことは有名である。

平治の乱が起こったのも、彼が熊野参詣のために京都を離れていた時である。世情に何か不安なものがあったに相異ないが、そうした時期に敢えて熊野詣《もう》でに出る清盛であった。また厳島神社は、当時かなり衰微していたものを、清盛が復興し、大規模な修造工事をおこしたものである。

清盛は保元元年の高野山大塔落慶供養のとき、寺僧が厳島社造営を暗示したときに発願し、永暦元年公卿に列した機会に厳島にはじめて参詣し、社殿の再建を誓ったものとされている。その造営のことは長寛二年（一一六四）九月に、清盛が厳島社に納めた願文や、神主佐伯景弘の仁安三年（一一六八）一一月の解状《げじょう》などによりその規模が察せられるのであるが、社壇の雄大・華麗にして、しかも荘厳をきわめたさまが想像される。そして平氏一門の熱烈な信仰の様子を示すものは、今日この神社の宝蔵に残る、平氏一門の献納品である。

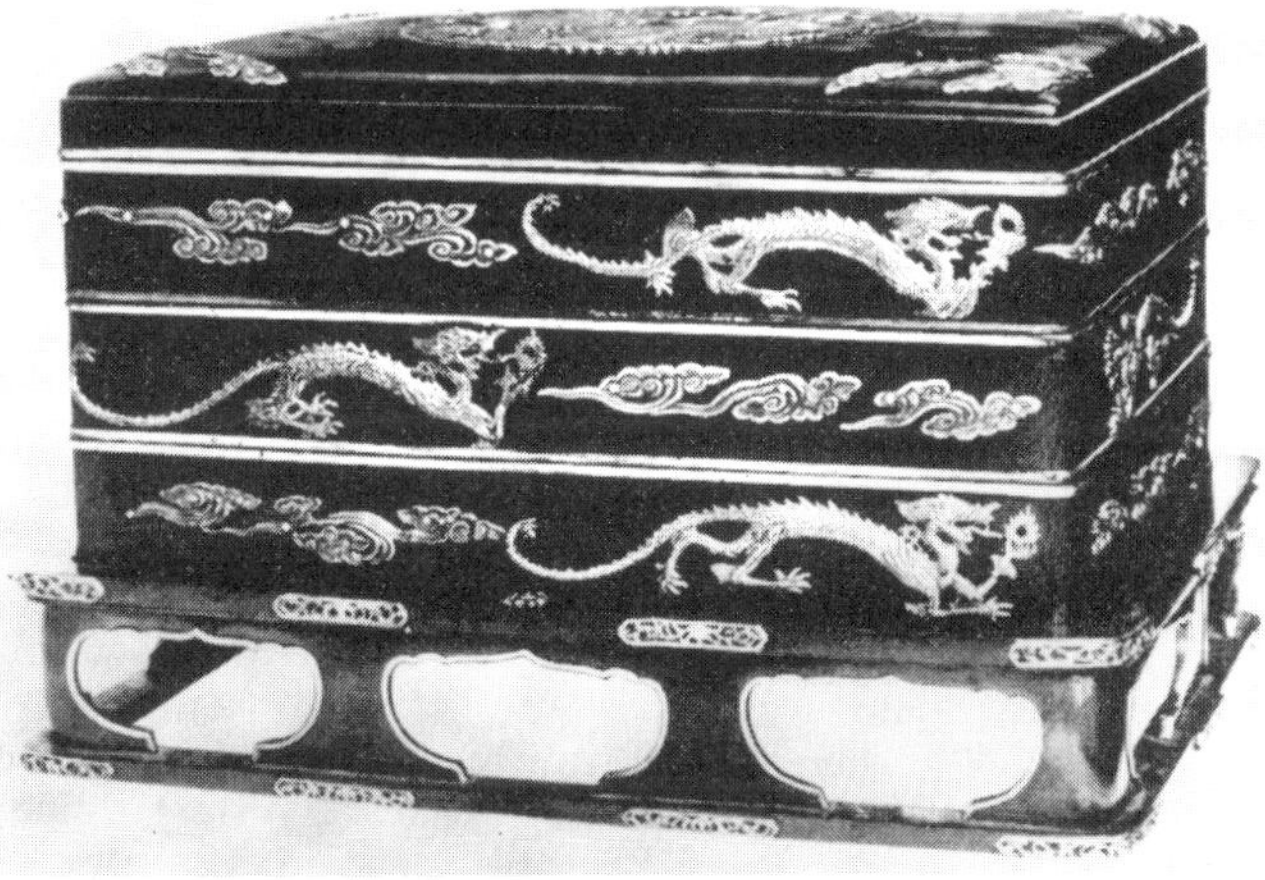

平家納経箱（厳島神社蔵）

そのさまざまな宝物は、また平氏一門の文化的生活の水準がいかに高く、貴族的であったかをも物語っている。

なかでもとくに有名なのは平家納経であるが、これは清盛が一門の栄達を感謝し、あわせて来世の冥福を祈るために奉納したものである。長寛二年の清盛願文によれば、一門の三二人が各一巻ずつこれを書写したものといい、清盛自筆といわれる願文を加え、法華経・阿弥陀経・般若心経など全部で三〇巻、各巻とも金銀の金具をつけた表紙に、美しい見返し絵をつけ、本紙には金・銀の切箔《きりはく》を散らし、また青・紫・紅・緑の色彩を施し、さらに軸は木軸・水晶軸などに装飾金具をつけている。現存する装飾経のなかの白眉であることはいうまでもなく、制作年次を長寛二年としている願文により、だいたいその時代に平氏一門の手によって、献納されたものであることは疑いない。

この厳島社には、清盛はたびたび参詣したが、時には後白河上皇や高倉上皇の社参などもあった。清盛の要請もあったたであろうが、とにかく清盛の力によって、厳島信仰が高まったことが想像される。

清盛は、このほか蓮華王院の建立にもみられるように、後白河上皇の崇仏事業を後援して、造寺造塔に従い、またたびたび盛大な法会を催したりしている。彼は現世における栄達を人一倍に希求したであろうが、そのためにこそ敬神崇仏の念が強まったのであろう。そして豊かな財力に支えられた、清盛の崇仏の諸事業は、まことに絢爛《けんらん》たる様相を示したのであった。

六波羅のさかえ

❖平氏一門の栄達

その後の清盛の昇進の早さは異常なほどである。永万五年（一一六五）正月、兵部卿を兼ね、ついで八月には権大納言となった。そしてこの年には清盛の栄達の途中での一つの画期となる事態が起こった。

それまでなにかと上皇に抵抗する態度を示し、天皇親政派の拠り所となっていた二条天皇が、病のため二歳の皇子（六条天皇）に位を譲り、まもなく他界されたのである。そこで清盛は、義妹平滋子が産んだ憲仁親王の立太子を推進し、翌仁安元年（一一六六）一〇月、親王は六歳で皇太子となった。このとき清盛は春宮大夫《とうぐうだゆう》となり、弟の教盛は春宮亮《すけ》、そして清盛の第四子知盛が春宮大進となる。平氏一門をあげて、この幼い春宮の後ろだてとなったのである。この立太子により滋子に対する上皇の寵愛も深まり、滋子は従三位に叙されやがて女御に立てられた。この関係からも、清盛に対する上皇の信頼はいっそう大きくなった。

この年、清盛は憲仁親王の立太子以前の六月に正二位に昇っていたが、さらに一一月には内大臣にすすんだ。ついで翌仁安二年（一一六七）二月、清盛は左右大臣を経ずに太政《だじょう》大臣となり、従一位にすすんだ。この年、彼は五〇歳である。平治の乱の年から、わずか八年の間に、彼は人臣最高の官にまで至ったわけである。その昇進の早さに驚くが、とくに二条天皇譲位後における昇進の異常なことに注意すべきであろう。おそらく後白河上皇が誰はばかることなく、この昇進のことを推しすすめたものと思う。この時期は、上皇と清盛の間がもっとも密接し、また円滑であった時期といえよう。政界における清盛の勢いは、目を見張るものがあったに相異ない。

これまでの間に、清盛は中央政界における地歩をかためてゆくとともに、地方における新興の武士勢力をも、多くその支配下に収めていった。武家の棟梁として、もはや彼に比肩するものはいないので、地方武士の多くは、その主従的結合の強弱については差があってもほとんど平氏の勢力下にはいったといってもよいであろう。そうした地方武士を支配下におく経過のなかでは、彼が平治の乱の結果、反対派の貴族の荘園などを集めて、にわかに巨大な荘園領主となったことも、大きな効果があった。荘園支配を通じて、荘園の開発領主たる地方武士の多くを組織することができたからである。

ところで清盛を支持する新興勢力すなわち地方武士たちは、原理的にみるならば、律令的古代国家の古い支配体制に抵抗し、それを崩壊に導く力として成長してきたものであった。清盛の一門たる伊勢平氏それ自体も、本来はそうした性格をもった地方武士にほかならなかった。彼らは、宮廷貴族たちの支配体制を否定すべき存在であった。ところが清盛は、権勢の座に到達するために、その支持勢力たる在地武士層が否定しようとするところの、古代的・貴族的な支配体制をむしろ肯定し、積極的に律令的官僚体制の内部にはいりこんで、政治的発言権を獲得していったのである。そして貴族階級のなかにはいった清盛は、きわめて短期間に、貴族政権内部での最高の官位を獲得してしまったのであった。

清盛がこうして権勢の座に就いたころ、その経済力においても大きな成長をとげていった。その実力と権勢にまかせて、多くの荘園を集積し、巨大な家領をつくりあげていた。その経済的基礎に荘園の領有を主とするという点においても、清盛および平氏一門は、すでに完全に古代貴族の姿を示していた。彼の経済的伸張は、宋との貿易の利にもあろうが、主としてはその家領の荘園の拡大にその基礎をおいていた。そして清盛は、その家領の増加にも異常な執心をもやし、権勢にまかせてかなり強引な行動をとっていた。その顕著な例として、清盛による摂関家領の略取の問題がある。

清盛の女盛子が関白近衛基実に嫁したことは先に述べたが、この基実は父忠通の跡を受けて

平重盛像

二条天皇の関白、六条天皇の摂政となっていた。ところが彼は仁安元年（一一六六）七月に二四歳の若さで病死し、その子基通が幼少であったので、基実の弟基房が摂政となった。このとき基実の所領の伝領について、清盛は後白河上皇の支持のもとに強引な策謀を行っている。すなわち、基実の所領がそっくり基房の手に渡るのを恐れた清盛は、かつて摂関家の家司であった藤原邦綱の助言を得て、摂関家所領を分割することを考え、摂関家所領のうち、殿下渡《わたり》領《りょう》といって摂政・関白の地位そのものに付属する少しばかりの所領を基房に渡し、氏の長者領など残りの大部分の家領・邸宅などを、すべて未亡人の盛子が相続するようにしてしまったのである。それは基実の子の基通が幼少の間、これを預かるという名目であった。しかし実際上は、清盛がさらに盛子の後見となることによって、清盛が摂関家領の大部分を支配する結果となったのである。

盛子が平氏でありながら摂関家領を受け継いだことには世人の反感も強く、のち治承三年

（一一七九）に盛子が死んだとき、『玉葉』には、彼女の死について記したのち、「天下の人たちは異姓の身で藤原氏の家領を伝領したので、藤原氏の氏神の春日明神が憎んで罰を加えられたのだと言っている」と書き残しているのである。それはともあれ、清盛はこうして事実上、藤原摂関家の家領の多くを奪いとってしまったのであった。

摂関家との関係においてすら、このようなことが可能であったほど、清盛の権威は高まっていた。この清盛の権勢のもとで、一門の人々の栄達も目覚ましく、彼らの多くが重要な官職を占めるようになった。清盛が太政大臣になった仁安二年、嫡子の重盛は三〇歳で従二位権大納言兼右衛門督、その弟宗盛は二一歳で従三位、参議兼右近衛中将、また清盛の弟頼盛は正三位、非参議、義弟の時忠は従三位、参議兼右兵衛督に昇っていた。平氏一門はすでに中央政界での地位を確立し、政治への主導権を握ったといえよう。

平宗盛像

❖清盛の権勢

太政大臣となった清盛は、さっそくその昇任の報告のため厳島神社に参詣しているが、その後いくらもたたない五月に太政大臣を辞任してしまった。在任わずか三か月余りである。辞任の理由は病気ということであった。ここまできた清盛にとっては太政大臣の地位にあるか否かは、もはや何ほども権勢を左右するものではなかった。すでに一門の人々を公卿のなかに多く送りこんでいるし、また上皇も清盛の権勢を肯定していた。ここで辞任して、前太政大臣となっても、彼の政治的権力は微動だにしなかったはずである。

しかし病気ということになれば問題は別である。ようやく権勢の地位を得た清盛およびその一門にとって、前途に暗雲を臨む思いであったに相異ない。太政大臣辞任が、本当に病気のためか、あるいは他の理由があったのか、実は疑問の残るところである。ところがこの病気説を裏づけるように、それから約半年の後、仁安三年（一一六八）二月に、清盛の病気のことが伝わり、しかもすでに重体に陥ったことであった。これを聞いた九条兼実は、その日記『玉葉』に、「天下の大事」と記し、もし清盛が亡くなれば、世の中はよりいっそう衰えるであろうと嘆いている。兼実の考えでは、清盛の死によって、地方武士たちの統制が破れ、いよいよ自由に振る舞って、貴族政権の存立をおびやかすことになることを恐れたのであろう。

重病に陥った清盛は、僧正明雲の授戒で出家をとげ、法名を清蓮と号した（この法名は後に浄海と改める）。同じとき、同じく病床にあった妻の時子も出家をとげた。平氏の一門は、この総帥の危急をみて、心をいためかつ狼狽したものと思う。そのころ、上皇は熊野詣での帰途にあったが、帰京すると直ちに六波羅邸に清盛を見舞い、病気平癒のため種々の祈禱をするとともに、大赦を行ったりしている。

そしてこのとき、上皇の発議によってにわかに憲仁親王の即位が実現した。上皇が熊野から帰京してからわずか四日目のことである、これが高倉天皇である。この即位のいきさつについては、『玉葉』に、

この譲位のことは、昨日にわかに起こったことである。上皇は出家したいというお考えがあり、また清盛の病気が重く、もしこの人が死ねば天下が乱れるであろうと考えられ、上皇が急に思い立たれたらしい。

と述べている。上皇方の武力として、また今や上皇ともっとも近い関係にある権力者としての清盛が死ねば、六条天皇を擁する天皇親政派の人々がふたたび策動をはじめる気配があり、それを恐れた上皇が、清盛の生存中に、自分の皇子の即位を実現させたのであった。そしてこの高倉天皇の即位は、後白河上皇と清盛とが協同して行った最後の事業でもあり、その後は両者の関係がしだいに悪くなるのである。

なお高倉天皇の即位によって、上皇の女御平滋子は皇太后となり、参議平宗盛が皇太后権大夫に補されている。ついでに付言すれば、皇太后滋子は、翌年の嘉応元年（一一六九）四月、

女院号の宣下があり、建春門院となったのである。

ところで重体を伝えられた清盛の病状は、その後回復に向かい、七月ごろにはほとんど平癒した。そのころ、清盛は摂津国福原（今の神戸市）に別荘を構え、そこに上皇の臨幸を受けて、天台座主明雲を導師とし、盛大に千部法華経供養を行っている。病の平癒の報謝というより、彼の健在を誇示したのであろう。こうして病気が回復した後も、清盛は依然として政治上の実権を握り、彼自身は多く福原の別荘にいたらしいが、政界における地位は少しもゆるがず、以前にも増して権力的な政治家へと成長していった。

また上に引用した『玉葉』の記事にもあるとおり、かねてから出家の意志をもっていた後白河上皇も、清盛の病気平癒と前後して落飾し法皇となった。そのころから、法皇もまた院政の主にふさわしく、専制君主の性格を強める。そしてようやく両者の間に対立の感情が強まるのである。

❖六波羅の大集団

ところで一門の栄進をとげた平氏は、京都においてどのような生活様式をみせていたのか、ここで少しく、その点にふれておこう。

栄達をきわめたころの平氏一門は西八条地域と六波羅とをおもな居住地区としていた。平氏はこれらに一族の聚居《しゅうきょ》地区を設けて、そこに族的大集団を形成していた。

もともと地方武士社会では、一一世紀の中ごろになると、夫婦単位の単婚世帯が、小規模な住宅に住み、父子・兄弟・同族の家々が寄り合って一つの集団をつくりあげるという生活形態が一般的となっていた。同族の人々の家宅が隣接して建ち、その郎等たちの家屋が、その門前や周囲をとりまき、そこに武士の集団的住居が形成されていた。当時の武士社会では、すでに嫁取り婚という結婚形式が一般的原則となっていたことが、このような居住形式を可能にしたが、同時にそれは武士の同族の自営の必要からきた居住形態でもあった。一族の長である惣領を中心とする、この惣領的大集団の生活が、そのまま同族武士団の戦闘組織となるのである。

武士出身の平氏が、はじめからこうした族制をもっていたことは当然で、平氏が京都に定着するときも、このような同族的聚居形態をとった。そして平氏が政権に近づくにつれて、その集団的な居住地区は地域的にも拡大し、また同時に平氏の武力集団すなわち武士団の規模も大きく成長し、同族的集団の威容を示しはじめた。

ところで清盛の本宅ははじめ「八条邸」であった。そして西八条にも清盛の別邸があったといわれている。あるいは八条邸と西八条邸とは同一のものを指すという考えもあるが、ここでは別のものと考えておく。長門本『平家物語』に、「平相国禅門（清盛）をば八条太政大臣と申《もうし》き。八条より北、坊城より西方に一町の亭有し故也。彼の家は入道の失せられし暁にやけにき。大小棟の数五十余に及べり」とあるが、ここでいう「坊城の西の一町の亭」というのが、そのいずれを指すのか必ずしも明らかではない。ただし清盛の旧邸と考えられている八条邸あるいは西八条邸は、古来八条の北、壬生小路のあたりとされている。もしこれが正しいならば、それは坊城の西ではない。したがってここでいう邸こそが西八条の別邸にほかならないといえるのではなかろうか。それにしてもここには五十余の棟を並べた大邸宅があったらしい。そしてこの西八条地域にも、平氏一門が聚居していたという。八条邸といい西八条邸といい、いずれも現在の京都駅の付近である。

ところで清盛はやがて六波羅に本邸を営んだ。そしてここが平氏一門の居住地の中心となった。長門本『平家物語』には、

六波羅とてののしりし所は、故刑部卿忠盛卿世に出し吉所也。南は六はらが末、賀茂川一町を隔てて、もとは方一町なりしを、此《この》相国（清盛）のとき造作あり。これも家数百七十余に及べり。これのみならず、北の鞍馬路よりはじめて、東の大道をへだてて、辰巳《たつみ》の角、小松殿まで廿余町に及ぶ迄、造作したりし一族親類の殿原《とのばら》の室、郎等眷属《けんぞく》の住所、細かにこれをかぞふれば、五千二百余宇の家々、（略）

と述べている。その数字には誇張があるとしても、平家一族の大集団と、その聚居状態を察することができる。この六波羅とは、現在の京都市東山区、賀茂川の東側地区、六条から四条あ

たりまでにわたる一帯の地域を指していた。当時は平安京の外側の区域であった。六波羅といい、西八条といい、都の周辺の地区に平氏の聚居地区がつくられていたことになる。

とくに平氏一門の本拠地となった六波羅の地区は、平正盛がここに常光院堂を建てたことにはじまるといわれ、これを忠盛が伝領して一門の居所とし、さらに清盛に伝えられてから、一門の本拠地として拡大経営されたものらしい。平氏全盛のころには、ここに清盛の泉邸をはじめ、頼盛の池殿、敦盛の門脇第《てい》、重盛の小松第などをはじめ、一門の人々の邸宅がこの地区一帯に営まれ、その他家子《いえのこ》・郎等の住宅が集団的に建ち並び、その数と威容とを誇った。そればかりでなく、一族の墓地もこの地区に設けられていた。京都における一つの独立地域でもあった。

京都の貴族や一般庶民たちの眼からみれば、たしかに一つの驚異であった。こうした同族的聚居形態は、貴族たちの一門・一族の間ではまだ一般化しない形態である。彼らは平氏一門の武力に対する畏怖ばかりか、そうした生活形態からも異様な圧力を感じたであろう。その一門の聚居形態は、清盛の政治権力を支える大きな要素となって、京都の上下に無言の威圧感を与えていたのである。

権勢の高まりと反対勢力

❖権勢欲と葛藤

高倉天皇の即位により、後白河上皇は、院政を軌道にのせ、その体制を安定することができた。出家して法皇となってからも院政を行うことはこれまでと変わらず、むしろいっそう専制化の道をたどった。一方清盛も出家ののち、いよいよ権勢欲を高めた。いずれの場合も、出家とは俗界の現世的欲念をたち切ることではなく、たんに形式的なことにすぎなかったらしい。こうして専制化する法皇と、権勢欲を高める清盛とが互いに反発しあわないはずはなく、両者はしだいに対立しはじめた。その徴候は、まもなく一つの事件として表面化するのであった。しかも、この事件には、上皇派と平氏との二つの勢力のほかに、もう一つの勢力がからまっていた。すなわち寺院の僧兵勢力である。当時、この三つの勢力が三つ巴《どもえ》となって対立し、陰湿な暗闘をつづけていたが、それが一挙に表面化したともいえよう。

僧兵（一遍聖絵）

後白河院政がはじまってから、院政派と興福寺・延暦寺の勢力との対立は、しばしば繰り返すのであるが、上皇が出家して法皇となったころは、とくに院政勢力と延暦寺との対立が激しくなる。これに対し清盛が天台座主明雲と深い関係（出家の際の導師）にあったことから、清盛は延暦寺に対しては、これと接近し、かなり巧みに操縦していた。だから法皇の延暦寺に対する態度のなかには、実は清盛の勢力に向けての攻勢が、対僧兵政策を利用して間接的に行われたという側面もあったのである。

ところで事件とは、嘉応元年（一一六九）に法皇の近臣尾張守藤原成親の目代《もくだい》が日吉《ひえ》神社の神人と闘争を起こしたことにはじまる。この事件の経過は、『玉葉』の記事に詳しいが、それによると、目代の政友というものが、延暦寺領美濃国比良野庄の神人たちと紛争を起こし、神人の一人を殺害したため、延暦寺から訴えられたが、法皇はなんらの尋問もせずかえって神人を捕らえてしまった。日吉社は延暦寺の守護神であるから、その日吉社の神人が辱《はずか》しめられたのを延暦寺としても、そのまま引き下がるわけにはいかない。衆徒は天台座主を通じて、法皇に再三抗議し、成親の流罪と政友の禁獄を要求したが、入れられないので、ついに実力行使に出て、朝廷に嗷訴《ごうそ》し、内裏に乱入した。法皇は清盛の子重盛に僧兵防御を命じたが、重盛はこれを辞退する気持ちが強く、積極的に動かなかった。成親は重盛の妻の兄であり、また平氏と延暦寺の衆徒との関係もあって、重盛の立場は、非常に微妙だったのである。そのうち衆徒たちは神輿を建礼門に放置して退散してしまったため、法皇はその処置に困り、結局成親を備中に流し、政友を禁獄することを発表して、神輿を帰山させた。しかしこれは法皇の謀略であって、法皇はすぐに成親の処分を取り消し、かえって延暦寺の座主明雲を譴責《けんせき》し、取り調べにあたった平時忠と平信範を、誤った報告をしたとの理由で、それぞれ出雲および備後に流罪とした。これは清盛に対する政治的圧力のあらわれとも受け取れる。そこで衆徒たちはふたたび動きはじめて、その入洛が伝えられ、また清盛は福原から上洛して、六波羅には武士が群集するに至った。ここに法皇は恐れをなして、先の処分を撤回し、成親を解官し、時忠・信範の流罪を解いたのであった。

この事件では、結局、表面的には法皇が衆徒たちの勢力に屈伏したことになった。また清盛以下平氏一門の動きは、必ずしもはっきりしない。しかし、何か衆徒勢力の連携をにおわせるものもあるし、法皇の平氏に対する政治的圧力があった痕跡も残る。そして六波羅に群集した武士たちの圧力が、最終的に法皇の態度を決定させたことも否定できない。この事件一つをみても、この当時の三つの勢力の政治的な駆け引きには、かなり複雑なものがあったことが知られるであろう。

❖「殿下乗合《でんかののりあい》」事件

こうしたなかで清盛の権勢はいよいよ高まっていった。そして平氏一門は権勢に誇り、ようやく専横な振る舞いも多くなった。京都の上流貴族のなかには、平氏の貴族化それ自体にすら反感をもつものが多かったが、後白河法皇の後援による清盛の権勢の高まりの前には、なすこともなく傍観せざるをえなかった。ところが、今やその法皇と清盛との協調はやや失われる徴候をはっきりさせてきたし、またそれと並行して、平氏一門の専横な振る舞いも日立ってきた。こうなると伝統的な貴族社会のなかでは、反平氏の感情が強まり、平氏の栄達を恨みこれを阻止しようとする勢力すら生まれる。法皇の周囲にある院政派の勢力は、もちろんのこと反平氏の傾向を強めたであろうが、院政派とは限らず、平氏の進出によって、その斜陽化を自覚せざるをえなかった摂関家以下の旧貴族勢力の、ほとんどすべての人々の平氏に対する反感が強まったに相異ない。当時のこうした空気を示すもっとも良い例が平氏一門と摂政藤原基房との間に起こった、いわゆる「殿下乗合」事件であろう。

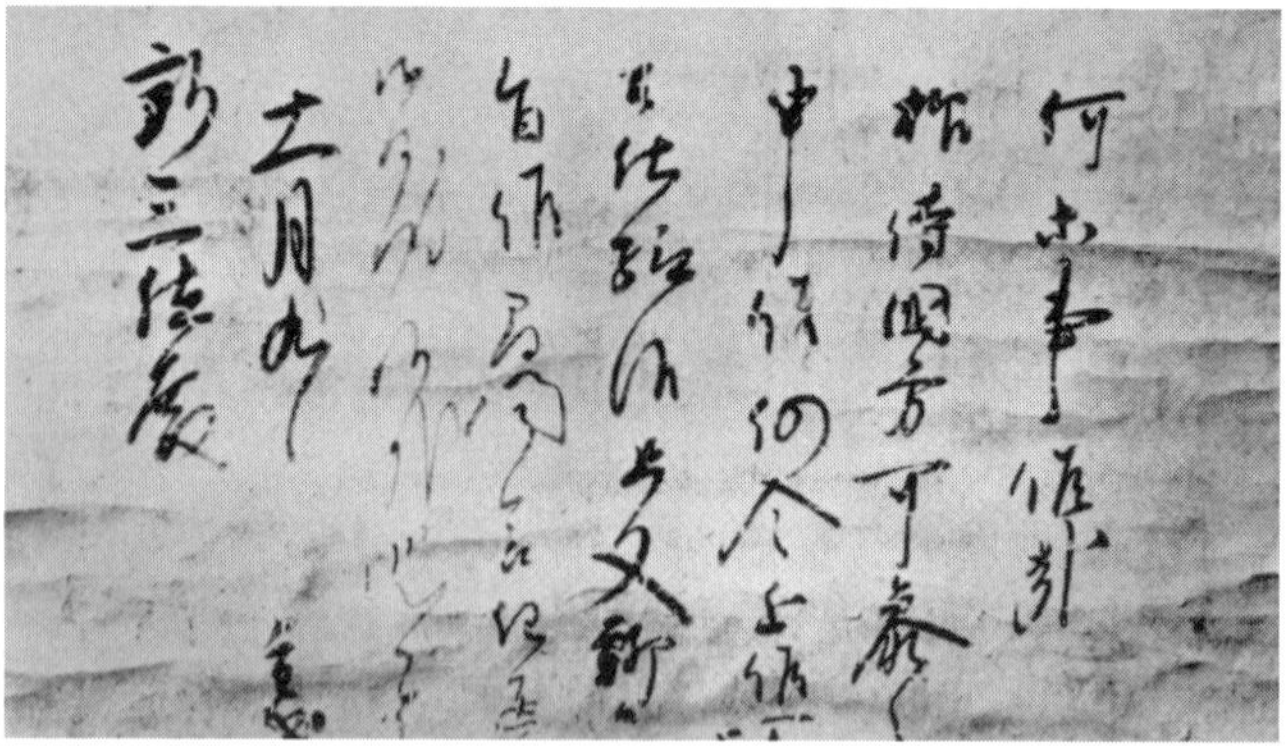

平重盛自筆書状

この事件は、平重盛を指して「イミジク心ウルハシクシテ」と高く評価した『愚管抄』の著者慈円が、「不可思議ノ事ヲ一ツシタリ」と述べて、重盛の生涯の間でのただ一つだけ理解に苦しむ行為であったと論評した事件である。

嘉応二年（一一七〇）七月のこと、基房の舎人《とねり》たちが道で重盛の第二子資盛《すけもり》に行き合い、資盛と知らずに恥辱を与えた。『平家物語』によればこのとき資盛はわずか一三歳の少年であった。そしてこの恥辱の内容について『玉葉』の記すところでは資盛の車を打ち破ったというのであり、これは一つの過失であったという。基房はその下手人を処罰して謝罪したが、それにもかかわらず、重盛は非常に立腹し、報復の機会を待っていた。すでに平氏一門の全盛期ではあったが、このときの官位からいえば重盛は正二位・権大納言であり、相手の基房は摂政で従一位、公卿として最高の地位にいる人である。この基房が陳謝までしているのに、重盛は執念深く、その部下の過失を咎《とが》めて、いつまでも恨みを抱いていた。そこには思い上がった平家一門の一面がうかがわれる。

その後、七月一五日、基房は法成寺に参詣する予定であったが、その日二条京極あたりに重盛の部下が群集して、基房の行列に危害を加えようと待ち構えているとの情報があり、偵察させたところそれが事実であったので、参詣を中止してしまった。このことを聞いた基房の弟、右大臣九条兼実は、「末代《まつだい》の濫吹《らんすい》言語に及ばず。悲しい哉。乱生に生まれて此の如きことを見聞す」と嘆いている。

そして三か月の後、一〇月二一日に参内しようとする基房の行列が多数の武士たちに狼籍されるという事件が起こった。

『平家物語』には七月以来の経緯《いきさつ》は出てこないで、ただ一〇月一六日に資盛が摂政基房の行列にあい、欠礼したのを咎められて、恥辱を受け、激怒した清盛が重盛の忠告をも聞かずに、この二一日の報復が行われたことになっている。この筋書きは虚構であろう。

それはともかく、これまでの経緯《いきさつ》からみて二一日の武士の狼籍が重盛の意志によるものであったことは疑いない。このとき行列の前駆のものが馬からひきずりおろされて辱《はず》かしめを受け、四人の者が髻《もとどり》を切られてしまった。そしてこの狼籍のため基房は恐れをなして参内を中止し、朝議も延期せざるをえなかったという。九条兼実は重盛を非難するとともに、「ただ恨む五濁之世に生まるるを、悲しい哉」と書き残している。この感懐は、兼実のみならず、京都の貴族たちのすべてに共通するものであったと思われる。

その二四日、基房・重盛ともに参内したが、今度は重盛が報復を警戒してか、多くの武者を従えていたという。しかし事件はこれまでで、表面化して罪を受けるということもなく、またこれ以上の展開もなかった。おそらくは平氏の横暴に対抗しえなかった基房が屈辱に耐えて事件を収めたのであろう。

結局、重盛がまだ年少の資盛に与えられた恥辱に対し、徹底した報復をしたことになる。重盛のこの執拗さをみると、彼は武門平氏の一員として恥辱に耐えられなかったのかもしれない。しかしそれを、過失によるものと考えた兼実や慈円をはじめ、貴族の世界では理解しがたい「不思議ノ事」であったにちがいない。重盛の行動のなかには、たしかに権勢をたのんでの横暴さがみられる。『平家物語』はこの事件を、「平家悪行のはじめ」としているが、たしかにそれも一面での正しい観察であろう。しかし他面、重盛の行為の徹底した点を考えてみると、そこには何か報復のための意地のごときものを感じる。重盛が温厚な人物であったことは事実と思われるが、その重盛がこれだけ激怒したとすれば、その前提として基房側の悪意の挑発があったのかもしれない。もちろん栄達した平氏一門に対する貴族たちの反感の高まりが、そうした挑発をさせたものであろう。

なお『平家物語』で、この乱暴の張本人を清盛としているが、これは作者の虚構である。

❖ 徳子の入内

こうして清盛の権勢が高まり、平氏一門の専恣な行動が多くなれば、それだけ平氏に対する反感も高まる。清盛は強大な武力をもつだけに敢えて彼に対立しようとするものはなかったが、人々の心はしだいに平氏から離れた。清盛以下平氏一門は貴族社会のなかで孤立してきたのである。

後白河法皇との間も冷却し、むしろ権威をきそっての暗闘がはじまっていた。しかしなお、清盛の勢力と法皇の権力とが、直接に全面的な衝突をするまでには至っていなかった。「殿下乗合事件」が最後の暴発をみるより一か月前、清盛は福原の別荘に法皇の御幸を仰ぎ、先に述べたように、来朝した宋人を謁見させている。法皇との表面的な関係がなお疎遠でなかったことを示している。なおこの宋人謁見のことでわかるように、このころから福原にいた清盛は、とくに宋との貿易に積極化していたらしい。

そしてこの一〇月二九日、奈良の大衆が蜂起すると、法皇はその翌日に福原の清盛のもとに使者を出している。『玉葉』には「世人、何事かを知らず」と書いてあるが、大衆の蜂起と何か関係のあることは十分考えられる。あるいは平氏の武士の出動の要請かもしれない。いずれにしてもまだ他人にはわからない内容をもった使者が往復するような関係にあったことは確か

建礼門院徳子像（寂光院像）

であろう。それればかりではなく、その翌承安元年（一一七二）一〇月には、法皇が建春門院を同道して福原別業におもむき、清盛のほか重盛・宗盛・時忠らも同席して、船遊びが行われている。そして一一月四日には、上皇が六波羅の重盛邸に御幸になるその話が、兼実の耳にはいったりしていた。法皇と平氏一門との接触が少し多くなったとみる人もあったかもしれない。はたして、この間に話がすすんだものかどうか、やがて一二月に清盛の女徳子が高倉天皇の女御（のちに中宮）として入内することとなった。

清盛はついに天皇の外戚の地位を狙うに至ったわけで、これは貴族たちの反感をいっそう高めるものであった。伝統的な貴族たちの考えからすれば、たとえ高位・高官に昇った清盛とはいえ、もともと平氏は天皇の后妃を出す家柄ではない。貴族たちの多くはこれに批判的であったが、清盛はそれを抑えて強行してしまった。法皇もしぶしぶ同意したのかもしれないが、そのあたりの事情は定かでない。とにかくここに武門出身の女御が生まれたわけである。清盛は権力掌握の最短距離たる、天皇の外戚となる道を、自らの強引さによって開いたのであった。

清盛はもともと、その女子による婚姻策には積極的であった。かつての少納言入道信西との結びつきをはじめ、関白基実との関係があり、いまやついに皇室との婚姻に至ったのである。彼はそれでもなお満足せず、基実の未亡人となった盛子を、さらに関白基房に結びつけようと努力した痕跡もある。『玉葉』によると承安二年六月のこと、関白基房が新たに妻を迎えるというもっぱらの噂が、兼実の耳にはいった。しかもその相手は兄基房の未亡人平盛子であるというのである。しかも兼実が驚いたことに、そのお膳立ては後白河法皇がしているという。もちろん風聞の域を出ないので、兼実は、「但し実否は未だ聞かず」と断りながらも、清盛の強引なやり方を非難して、「万事狂乱の世也、言う莫《なか》れ、言う莫れ」と書き残している。しかし、このことは、その結婚の日まで取り沙汰されていながら、実際には実現しなかった。たんなる噂にすぎなかったかもしれないが、実際になんらかの動きがあったものと考えてよいのではなかろうか。

そしてこの噂にもあるとおり、後白河法皇はまだこの時期にも、清盛を敬遠してはいなかったようである。その後、承安四年（一一七四）三月には法皇と建春門院が清盛と同道で厳島社に参詣しているし、安元元年（一一七五）一〇月には、福原の別業での清盛の千僧持経者供養のために、法皇の密々の御幸があった。表面的には、依然として両者は離反していない。というよりも、徳子の入内をきっかけに、むしろ清盛が法皇とのつながりを維持することに努めていたのではないかと思われる。

VI

平氏の政権とその危機

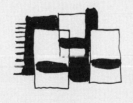

「反平氏勢力」との対決

❖対立する諸勢力

清盛以下平氏一門の権勢が高まるころ、後白河法皇自身はまだ表面的には清盛と協調する姿勢を保ったが、むしろ法皇の近臣の間に、平氏の専権を除いて、院の専制体制を確立しようとする考えが高まっていた。法皇自身にも高倉天皇の即位以来、「治天ノ君」としての専制的権力を強化しようとする意志はあったが、清盛の実力をはばかって自重していたにすぎない。法皇の近臣たちの平氏への対抗意識は非常なもので、彼らはかなり強い反平氏勢力となりつつあった。そのころ法皇の近臣の中心は、僧西光・藤原成親《なりちか》・平康頼らであったが、つねに法皇の側近にあって何事かを画策し、彼らは平氏一門にとってまことに危険な存在であった。

こうして平氏勢力と院近臣の勢力との対立がつづくが、先にふれたとおり、この争いをいっそう複雑にしたのが、寺院勢力の介在である。この寺院勢力は、政権の争奪には直接かかわり

興福寺北円堂

をもたないが、たびたび嗷訴を繰り返して、中央政府に要求をつきつけ、政界の動きに複雑な要素をもちこんでいた。法皇にしても、清盛にしても、この寺院対策を誤れば致命的な痛手を受ける可能性があったのである。

この前後の時代に、とくに院勢力と鋭く対立したのは、延暦寺で、前章で述べた藤原成親配流事件などがあったが、南都の興福寺もしばしば院当局と抗争している。そして延暦寺の場合は、清盛もかなりはっきりと、これと協力する態度をとっているが、興福寺の場合は、平氏との関係が薄く、むしろ藤原氏の氏寺であるという関係から、興福寺に対する平氏の政治的立場は微妙で、ここでは院当局と平氏とが同調する場面も少なくなかったと思われる。

興福寺をめぐる紛争としては、承安元年（一一七一）九月、興福寺領坂田庄を知行した院の北面武士平信遠が、興福寺の使者に対して乱行をしたため、衆徒が信遠の流罪を要求して上洛を企てた事件、承安二年一二月、伊賀国の住人が春日社の神人と闘争して神人が殺されたため、興福寺の大衆が住人らの処罰を院当局に訴え、春日の神木を奉じて嗷訴しようとした事件、さらには承安三年八月、興福寺と延暦寺との対立から発した多武峰《とうのみね》焼き打ち事件をめぐって、法皇が南都一五寺の荘園・末寺をことごとく没官すると宣言して南都の衆徒を激昂させ、奈良坂より南には朝廷の役人をも寄せつけないという態度をとらせた事件などがあった。

このなかで春日社の神人と伊賀国住人との闘争のことは、大いに平氏一門と関係のある事件であった。というのは、この伊賀国住人というのが、重盛の郎等であったからである。そしてこの事件は神人たちが、その殺害人を処罰すべきことを訴えても、なんらの沙汰もなく月日が経過したため、衆徒たちはこれを不満として大挙上洛しようとする騒ぎが起こったのであった。このとき藤原氏では、この氏神・氏寺の動きに対し、氏の長者が使いを送って、しばらくこれをなだめることに努力したりしている。この事件の結末は不明であるが、事件の背後に重盛の動きがあったことは確かなところであって、重盛がしきりに暗躍してその処罰を抑えようとしたために、いつまでも延引したのである。おそらく権勢にまかせて無道の横車を押したのであろう。九条兼実は「大衆の訴へ、道理の又道理なり」と衆徒側の主張を全面的に支持している。兼実が藤原氏の一員であることを考えれば、この支持は当然のことかもしれないが、沙汰の延引それ自体は、政権担当者の怠慢であり、平氏の権勢を恐れての、当局者の不徹底な態度を物語る。重盛の動きにも公正を欠くところがあったと思う。こうした事件も、平氏に対する反感をつのらせる大きな要因となった。

❖白山事件と院政派の策謀

法皇と延暦寺の衝突、そして法皇と平氏との微妙な関係を示す事件として、藤原成親と日吉神人の争いがあったことは先に述べた。そのときは、法皇側の屈伏によって一応収まったが、その後、院勢力と延暦寺の対立はいっそう激化した。そして八年後にまた同じような事件が起こっている。対立激化の理由は、院勢力が対寺院政策を利用して、間接的に平氏に対する攻撃をとったためと考えられ、今度の事件は、そのことを明らかに証明しているのである。

この事件は治承元年（一一七七）に加賀守藤原師高とその弟で加賀の留守所目代となっていた師経とが、白山の末寺涌泉寺の僧と争い、その堂舎を焼き払ったことにはじまる。これはこの時代にどこにでもみられる国衙《こくが》と寺領荘園との対立紛争の具体的あらわれにすぎないが、白山が延暦寺の末寺であったところから問題は拡大した。しかも師高・師経兄弟の父は法皇の近臣の随一といわれた西光である。

白山は本寺延暦寺を動かして院政当局に圧力をかけようとし、延暦寺もまたこれを入れて、師高・師経の処分をせまった。ところが法皇は目代師経の流罪のみを決定したので、この年の四月、延暦寺の衆徒は、日吉・白山両社の神輿を奉じて入京し、師高の流罪を強要するに至った。このときは平重盛の軍兵が警衛に出動し、衆徒を多く射殺し、また郎等が放った矢が神輿に当たったことから、結局、法皇の側の立場を不利にし、法皇はやむなく師高を尾張に流した。またこの際の重盛以下平氏の軍兵の行動についても、貴族の間に非難の声が高まって、平氏の立場を不利にしたようである。

そして事件はこれで収まったわけではなく、さらに発展した。西光は師高の流罪を嘆いて敷訴の張本人は天台座主明雲であることを訴え、また法皇の近臣たちの考えも、この際に延暦寺勢力に反撃を加え、それと結託している清盛を、間接的に窮地に追いこもうとする点で一致していた。そこで西光以下近臣たちの言を入れた法皇は、この年の五月、明雲追放の挙に出たのである。明雲は座主の職を解かれ、還俗《げんぞく》させられ、その所領三十九ケ所を没収されたうえ、伊豆に流されることとなった。ところがこれを知った衆徒たちは、伊豆に下る明雲を、近江の粟津に待ち受けて奪回し、叡山につれ戻ってしまった。院当局による明雲追放は事実上失敗に帰したのである。

しかしなお延暦寺圧迫を断念しない法皇は、院宣にそむいた謀叛の罪であるとして、その意趣を問うために明雲を召し出すべく指令した。同時に延暦寺の末寺・荘園を没収するために、諸国司に命じてそれらを調査させ、また延暦寺領の多い近江・越前・美濃の三か国の国司に、それぞれの国内の武士を注進させんとした。そして比叡山の武力攻撃を清盛の弟経盛に命じた。延暦寺の衆徒と平氏の軍兵を戦わせて平氏の勢力を弱めようとする意向から出たことはいうまでもない。

しかし、親平氏派の明雲を擁する延暦寺の衆徒とことをかまえるのは、これまでの協調を破ることであり、平氏にとって不利となる。清盛が極力これを避けようとしていることを知る経盛は、兵を出すのを拒否した。そこで法皇は、謀叛人追捕という名分をたてて、福原から清盛を呼び出して、攻撃を要請した。内心では迷惑に感じていた清盛は、その受諾に躊躇したが、結局は承諾し、ここに平氏と延暦寺を戦わせようとする法皇の計画はまさに実現しそうになった。五月二八日のことである。平氏勢力と延暦寺勢力との結託に対して、これを破らせようとする法皇の策謀と、延暦寺の攻勢の前に法皇勢力が窮地に陥るのを傍観していたい清盛との、政治的駆け引きが政界の裏面で火花を散らしていた。そして政界の表面には、種々の思惑をはらんで重苦しい空気が流れていた。叡山攻撃を清盛が受諾したことにより、事件は法皇側に有利に展開したかにみえたが、平氏の軍兵は、すぐには動かず、人々は何かの期待と危惧とをもちながら、事態の推移を眺めていた。

ところがその翌日、事態は急転回する。多田の蔵人、源行綱が、院近臣派の人々の間に清盛追討の陰謀のあることを内通したのである。いわゆる「鹿ケ谷《ししがたに》事件」の発端であった。

❖鹿ケ谷陰謀事件

六月一日の早朝、まず院の近臣西光が清盛に捕らえられた。『玉葉』のこの日の条には、

今暁、清盛は八条邸にいて、西光法師を召しとって禁固し、年来の積悪やこの度の明雲の配流のこと、そして万人を法皇に讒訴《ざんそ》したことなどを詰問したということである。また成親卿を招き寄せ、これも同様にほとんど捕縛に近い状態で禁固したとのことである。武士が都の中に充満し、また内裏に雲集しているが、院の御所はひっそりとしている。とにかく尋常のことではない。また院の近臣は全部捕らえられるらしいということだ。

と記されている。次いで翌二日の条には、

昨夜半、西光は首をはねられたそうだ。また成親卿は備前国に流され、武士二、三人につきそわれて送られたということだ。人の話によると、西光は尋問されて、清盛を討とうと、法皇や近臣が謀議したということを認めたからだそうだ。そしてその謀議にあずかった人々の名は、すべて注申され、それによって多くの人が搦《から》め捕らえられるらしい。ある話では、成親は途中で斬られるらしいとも、また重盛卿がその助命をしたとか、いろいろの説が流れ、どこまでが実説かよくわからない。

と書かれている。京中の混乱と貴族たちの狼狽ぶりが推察されるであろう。

平氏の専横を憎んでいた院の近臣の間に、平氏討滅の機運が生まれていたことは、当然の成り行きと思われる。とくに治承元年にはいってから、近臣の一人藤原成親が左近衛大将になろうとして入れられず、かえって平重盛・宗盛兄弟が左右の近衛大将になったことは、近臣たちの不満を強くかりたてた。このことが直接の原因となって、平氏討滅が実行に移されようとしたともいう。

西光をはじめ成親・康頼らは、法勝寺の執行僧都俊寛を語らい、俊寛の所領の鹿ケ谷に、かの少納言入道信西の子で、そのころ蓮華王院執行であった静賢の山荘があり、そこに法皇がしばしば御幸になるのを利用して、頻繁に会合し、平氏討滅の謀議をすすめた。そして討滅のための武力として源行綱を同志にひきいれたのであった。行綱は摂津（多田）源氏の一流であるが、平氏の全盛のもとで不遇な地位にあることに不満をもっていたらしい。平氏討滅には、やはりこうした源氏一門の武力に頼らねばならなかったのであろう。

彼らの計画では、六月の祇園会を期して六波羅の平氏一門の屋敷を攻撃し、一挙に平氏を滅ぼすことになっていて、それぞれの部署までも定めていた。ところがたまたま延暦寺との間に騒動が起こり、計画の準備が一時停滞している間に、行綱の密告によって陰謀が発覚してしまった。行綱は、はじめからこの陰謀が成功する公算がほとんどないとみて、保身のために裏切ったのかもしれない。たしかにこの時代の強大な六波羅の武力に対して、行綱の武力のほかどれほど集めえたかはわからないが、客観的にみてもとうていこれに太刀打ちできないと思う。

ともあれ、西光の白状によって、この企てが「法皇および近臣ら謀議せしめ」たものであることを知って、清盛は続々と関係者を検挙した。僧都俊寛・基仲法師・山城守中原基兼・検非違使惟宗信房・同平佐行・同平康頼などの面々である。

六月一日の夕刻、この騒動を知った延暦寺の大衆は、直ちに清盛のもとに使者を送り、合戦になったときの側面的援助を申し入れている。清盛が延暦寺を攻撃するのではないかと思われる情勢から、急転してこうした事態が起こり、延暦寺側も愁眉を開くとともに、今度は院勢力と平氏との武力衝突が起こることを予想したのであろう。しかし現実には、もはや院勢力はほとんど壊滅し、そのような軍事力を組織する力はなかった。

事件の処理は一方的にすすめられ、『玉葉』にあるとおり西光は斬られ、西光の子師高・師経も配流先で殺された。成親は備前国に配流の翌月その地で殺され、その子成経は僧都俊寛・平康頼とともに九州の南端、喜界ケ島に流された。その他、基仲法師は佐渡、基兼は伯耆、信房は阿波、佐行は美作へと、それぞれ配流された。

ところでこの平氏討滅の陰謀がはたして事実としてあったかどうか。権力者の清盛が、その反対派を弾圧する口実として、でっちあげた事件とみられるふしもある。その点は、断定的なことはいえないが、仮にこの事件が平氏側でつくりあげた謀略であったとすれば、こうした事件を起こさねばならなかったところに、当時反平氏の気運がいかに高まっていたかを知ることができよう。また同時に、こうした強圧手段をとらざるをえないところまで追いつめられた平氏の孤立的立場を認めざるをえない。とくに武力の面から考えると、たしかに六波羅の武士団は強大であったであろうが、平氏は地方武士を徹底して組織することができていない点に注意すべきであろう。寺院勢力と提携する地方武士や、院政の担い手である受領層が諸国で組織しうる在地武士が、平氏の支配圏外に多く存在していたからこそ、平氏はそうした武力が反対勢力によって結集されたときの力を恐れなければならなかったのである。

ともあれ、この事件に法皇が関係していたことは明らかであった。しかし清盛は表面上は法皇に対してなんらの態度も示さず、事件の処置を終えた。その理由は明らかでないが、『平家物語』には重盛が、法皇に報復せんとする清盛に対して、強く諫止《かんし》したためとされている。あるいはそうしたこともありえたであろう。けれども清盛は政治情勢を考えて、深追いをしなかったとみるべきではなかろうか。

この事件で、成親・成経（平教盛の婿）と平氏の縁者がその主謀者であったことは、清盛にとって大きな衝撃であったにちがいない。平氏への反感の広がりを痛感したであろう。それにもまして清盛は、この事件で、法皇がはっきりとした対立者であることを確かめえて、その孤立感を強めた。彼はいよいよ法皇に対する警戒心を高めたに相異ない。

❖言仁親王の誕生

反平氏勢力の高まりをみた清盛は、この窮地を打開して一門の安泰をはかるため、さらに断固たる態度をとる必要にせまられた。これまでの法皇に対する関係にもはっきりと結論を出すことが望まれた。また一方その政治権力を維持するため、彼が積極的に求めた皇室との外戚関係のうえで、その仕上げが必要であった。すなわち清盛は、徳子が皇子を産むことを心待ちにしていたのである。彼女が入内してからすでに七年の歳月が流れ、この治承元年には清盛も六〇歳を迎え、その老い先の短いことを自覚する年齢になっていた。皇子の誕生が平氏一門の孤立を救うにちがいないと思いながら、その日のくるのを期待していたのであった。

鹿ケ谷事件のあった翌年、治承二年（一一七八）正月、法皇が園城寺において僧正公顕より秘密灌頂《かんじょう》を受けようとしたとき、そのことを妬《ねた》んだ延暦寺の衆徒が、園城寺を焼き打ちにしようとする事件が起こった。法皇は延暦寺に対してこれを諭し止めんとしたが、形勢が不穏なので、結局二月一日に予定された秘密灌頂の伝受を中止した。この事件に際して、法皇は右大将宗盛を福原の清盛のもとに遣わし、衆徒の鎮圧に平氏の武力を要請したが、清盛はこれを拒否した。すなわち清盛は法皇の意志に対して、決然たる拒否の態度を示し、ここに清盛と法皇との対立が、ようやく表面化してきた。

ところがこの年の夏ごろ、中宮徳子の懐妊が伝わり、清盛は妻時子とともに中宮徳子の御着帯に立ち合った。その一一月、徳子は皇子を出産したが、これがたいへんな難産だった。昨年の鹿ケ谷事件で処罰した西光や成親・俊寛の怨霊がとりついていると聞いて、清盛は肝を冷やしてうろたえ、宮中は加持祈禱の声で充満したという。かつて雨ごいの祈禱を迷信と断じて取り合わなかった清盛も、怨霊におののき、神仏にすがるばかりであった。この場面での清盛は、老いた王朝貴族以外の何者でもなかったようである。こうして妊婦の苦しみのうちに、やっと皇子が生まれたとき清盛は声をあげて嬉し泣きしたという。もちろんこれは『平家物語』以下の描写である。しかし待ちに待った皇子の誕生であった。おそらくこれは清盛の真情に近いものを伝えているであろう。

ここに誕生したのが、言仁《ときひと》親王であり、のちに西海の波底に、わずか八歳の幼い生命を終えた安徳天皇である。清盛はこの皇子の誕生により、いよいよ天皇の外祖父の座に近づいた。清盛の喜びは、彼の一生の間でも、最大なものであったであろう。一二月には法皇に強制して、この言仁親王を皇太子に立てた。そして春宮大夫に宗盛、春宮亮に重衡《しげひら》、権亮に維盛《これもり》を任じて、幼い春宮の周囲をかためた。天皇の外戚関係への前進によって将来の中央政界における、平氏の立場をより有利にするための布石ができたのである。

大きな喜びとともに、清盛はこの貴重な孫に対しこの上ない愛情を示した。のちのことであるが、翌年の一二月、満一歳に達した東宮が外祖父清盛の私邸を訪問した。そのときの様子を、春宮権大夫として春宮についていた中山忠親が、その日記『山槐記』にくわしく述べている。それによると、

清盛は一日中、東宮を抱いて離さなかった。東宮もまたおじいさんに抱かれて、少しも嫌がらず、御指で明かり障子に穴を開けられた。清盛が教えると、教えたとおりに、また穴を開けられた。清盛ははらはらと涙を流し、この障子を倉の奥にたいせつにしまっておけと命じた。

というのである。清盛が皇子をいとおしみ、何よりの宝として扱った様子がわかる。またそこには赤裸々な愛情をあらわして孫とたわむれる凡夫の姿すらみられるのである。

独裁体制の確立

❖孤立する平氏

皇子の誕生をみて、長年の希望を満たした清盛であるが、清盛は単純に喜んでだけはいられなかった。周囲には強い反平氏の空気がただよい、また後白河法皇は清盛と対立しながら、専制君主としての権勢への道を歩んでいた。鹿ケ谷事件で、一応は法皇側の勢いを挫折させたが、敵にまわした「治天ノ君」の力には侮りがたいものがあった。皇子の出生をみて感涙にむせんだ清盛の肩には、この生まれてすぐに春宮《とうぐう》となった皇子と、そして平氏一門全体の運命がかかっていた。

そのころ、後白河法皇と清盛と、ともに専制的権力を樹立しようと努力していた両者の対立はいよいよ深刻となっていた。それに加えて、これまで協調をつづけていた平氏と延暦寺との関係にも変化が生まれてきた。治承二年（一一七八）の秋ごろから延暦寺に内部分裂がはじまり、それにともなって、平氏との関係が不穏となってきたのである。

もともと、延暦寺に限らず、この時代の大寺院では、その内部に貴族階級出身の上級僧侶と、寺領荘園の荘民の出身者その他の身分の低いもので、寺内の雑用に従っている下級僧侶とがあった。延暦寺の場合、上級のものを学侶方《がくりょがた》（学生《がくしょう》）、下級のものを堂衆《どうしゅ》といっていたが、この学侶方と堂衆とが鋭く対立しはじめた。天台座主明雲との関係からもわかるように、清盛と接近していたのは学侶方であり、はじめはこの学生たちが叡山の主導権を確保していたため、延暦寺全体として平氏と協調していたのであるが、寺内でしだいに堂衆が優勢になってきたため、平氏と延暦寺との関係も悪化したのであった。治承二年一〇月、延暦寺で学侶方と堂衆との対立が激化し、ついに合戦に及んで両方の死者九三人を出すという事件が起こった。このとき清盛は学侶方を助けるため、法皇の了解のもとに兵を派遣したが、堂衆の強烈な抵抗のため成功せず、学侶方が敗れてしまった。

こうして堂衆勢力はさらに強大となるが、彼らは延暦寺を拠点とし、広く寺領荘園を地盤とし、他の寺院の僧兵や一般の在地武士と提携しはじめた。こうして寺院勢力と平氏の対立はいよいよ深刻となっていた。

その治承二年の一二月、没落した源氏のなかでただ一人、中央の貴族社会で生き延び、すでに七〇歳を越していた摂津源氏の頼政が従三位に叙された。彼は源頼光の五代の孫で武将としても名が高かった。彼は平治の乱のとき、六条河原の合戦で清盛方に寝返り、清盛軍の勝利を決定づけた人物であり、そのため平氏の世になっても、順調に官途をたどり、保身の生活を守っていた。それにしても三位になるほどの人物ではなく、功績もなかった。それで人々はこれを奇異に思い、「第一之珍事なり」と評したが実はこの昇叙は清盛の奏請によるものであった。『玉葉』にその奏請の内容がみえるが、それは、

源頼政像

源氏と平氏とは我が国のかためであります。ところが平氏は一族あまねく朝恩を受けて、その勢威は四海に満ちていますが、これは勲功によるものであります。他方、源氏の勇士は多く逆賊にくみして誅罰を受けたのですが、そのなかで頼政だけは、その性質も正直で、勇名も世間に広まっています。彼がまだ三位にもならずに七十余歳となっているのはいかにも哀れです。しかもいま重病にかかっているので死ぬ前になんとか恩恵によって三位にしていただきたいと思います。

という内容のものであった。そして清盛のこの一言で頼政の従三位が実現したことについて、九条兼実は、「入道相

国（清盛）の奏状の内容はまことに立派だが、世間の人でこれに驚かないものはいない」と批判している。誰がみても不思議と思われたこの人事は、清盛が当時の源氏の武力を代表した頼政に恩恵を与えて、その武力が反平氏勢力に利用されることのないようにした遠謀深慮であったと思う。清盛は反対勢力による武力の組織化に大きな注意を払ったに相異ない。

❖清盛のクーデター

清盛がその敵対勢力としてもっとも警戒した院勢力との正面衝突の口火は、法皇側からの挑戦によって点火された。

その第一は治承三年（一一七九）六月、故藤原基実の未亡人平盛子が死去したことによって起こった、旧摂関家領没収の問題である。先に摂関家領の大部分を相続していた平盛子が死んだのであるから、当時の常識からすれば、摂関家領のうち氏長者領は関白基房に、またその他の所領は、基通以下、近衛家の子女の手に分割相続されるのが当然であった。ところがその所領のすべてを法皇が取り上げ、院領としてしまったのである。この措置について、近衛家を保護する立場にあった清盛が憤激したのは当然であった。

そのうえ、この年の七月末に清盛の嫡子重盛が死ぬと、その知行国で重盛の子維盛が相続していた越前国を法皇が没収してしまった。

またそればかりでなく、一〇月には二位の中将近衛基通をさしおいて、松殿基房の子で、わずか八歳の師家を権中納言に昇進させた。基通の父の基実以来、近衛家が清盛と親しいのを法皇が快く思わず、同じ藤原摂関家のなかでも、この系統を遠ざけ、基房の松殿家の系統を立てようとする露骨な人事である。法皇の、これら清盛を無視した動きは、明らかに平氏に対する公然たる挑戦であった。法皇や基房のこうした態度については、同じ摂関家のもう一つの系統である九条兼実すら、その日記のなかで、「法皇の過怠」、「関白（基房）の罪科」であると非難している。

そのころ清盛は福原に住んでいたが、こうした法皇の態度をみて、ついに断固たる決意をもってクーデターを敢行することになり、彼は一一月一四日、数千騎の軍兵を率いて上京した。京都の人々は合戦のはじまるのを恐れて資財を東西に運び、大混乱をきたしたという。

入京した清盛は、右に述べた三つの非をならして、関白基房に強制して引退させ、師家の官を解いた。同時に基通を関白・内大臣・氏の長者とし、つづいて太政大臣藤原師長、権大納言源資賢以下、北面の武士に至るまで、法皇に近いとみられる三九名の官職を奪い、その空位に平氏一門や平氏と関係のある人々を昇進させた。

源氏系図(3)

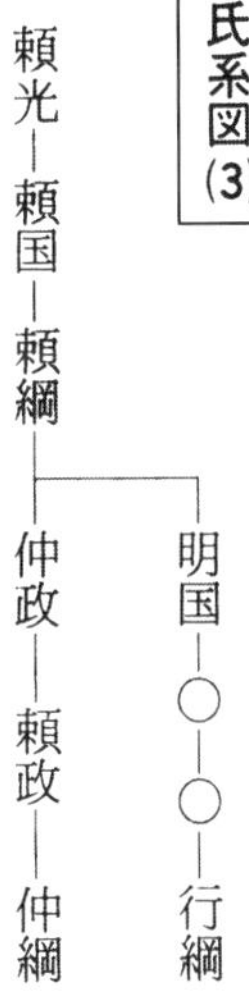

清盛の強硬な態度に驚いた法皇は、法印静賢を使いとして、二度まで清盛のもとに派遣し、「今後は、すべて政治のことには口を出さない」と申し入れたが、清盛をなだめることはできず、ついに二〇日になって、清盛は法皇を鳥羽殿に幽閉してしまった。ここに清盛のクーデターは完全に成功したのである。清盛は独裁君主の法皇を幽閉することによって、政治の実権を完全に掌握したのであった。

清盛は基房を大宰権帥《ごんのそつ》に左遷し、師長を尾張に流罪とした。清盛の武力の前に、もはや中央政界における反対派の貴族たちも、まったく沈黙した。平氏の武士が充満した京都の混乱と恐怖のなかで、清盛は反平氏勢力との妥協を完全に打ち切り、極端な軍事的独裁政治をはじめた。禿童《かむろ》と呼ばれる密偵三〇〇名ほどを都のなかに放ち、反対者・批判者には容赦なく「行き向かって魔滅させた」という。これは一種の検察制度であるが、この禿童は、宮廷内部にまで自由に出入りしたといわれ、清盛の監視の眼があらゆる方面に伸びていたことがわかる。京中の上下は無実の咎《とが》を受けることを恐れ、ほとんど沈黙したのである。それはまさに武断的な暗黒政治であった。

政権を独占的に掌握した清盛は、クーデターの後、一時福原に戻ったが、一二月になってふたたび上洛し、春宮の即位工作をはじめた。幼い春宮が清盛の八条邸を訪れ、祖父に抱かれたのは、このときの話である。祖父と孫との温かい交歓の場も、一歩外に出れば大路小路に武士が充満して、軍事政権下のものものしい警戒体制がしかれていた。

年が明けて治承四年（一一八〇）二月、高倉天皇は譲位し、三歳になったばかりの言仁親王が皇位をふみ、安徳天皇となった。その即位の儀は四月に盛大に行われ、高倉上皇の院政がはじめられた。しかし高倉上皇の院政とは形式のみで、実質は清盛の独裁政治であった。

❖平氏の政権

平氏一門は、これまでも朝廷における枢要《すうよう》の地位を占めて、しだいに政治的発言権を高めてきたものの、まだ平氏一門による独裁は不可能であった。なぜならば専制君主としての後白河法皇の存在も大きく、貴族たちのなかでは、平氏とまったく歩調をそろえてきたのは近衛家ばかりで、これ以外の摂関家をはじめとする反平氏派の政治的勢力は侮りがたいものがあったからである。

ところがこのクーデターで、反対派を一掃し、また中間派を雌伏させて、平氏は、はじめて一門による武断的な独裁政治を展開することができた。したがって、正しい意味での六波羅政権あるいは平氏政権と呼ぶべきものは、実にこの治承三年一一月以後の平氏の政治権力機構である。清盛が政権を独占したのちも政治体制そのものは変わっていない。しかし平家一門が公卿の地位に多く進出し、朝廷の政治を独占的に運営したのであり、名実ともに平氏の政権というべきものであった。『平家物語』に、平氏の全盛を説明して、「一門の公卿十六人、殿上人三十余人。諸国の受領・衛府・諸司（小役人）都合六十余人なり。世には又、人なくぞみえにける」と述べ、また大納言時忠が、「此一門（平家一門）にあらざらん人は、皆人非人《にんぴにん》なるべし」と放言したと言われるのも、実はみなこの時期の平氏一門を指すものであった。

平氏政権が名実ともに成立したのが、治承三年一一月以後であるということは、それ以前と以後との、平氏一門の有した知行国の数をみても十分にわかることである。平氏の知行国が日本全国六六か国の約半数に及んだという『平家物語』の指摘は、実は治承四年のころの実情を指しているものと思う。すなわち、治承三年正月の時点での平氏の知行国として、現在明らかなのは七か国にすぎないが、一一月以後には平氏知行国が激増し、現在検出しうるものだけで一五か国に及ぶからである。しかもこれらの知行国において、知行国主は、それぞれの国の守に、同族子弟や家司、有力家人をあてている。このことは国衙支配の機能においても、たんに平氏が知行国主であるというにとどまらず、平氏一門が受領である場合と同じであったことを意味する。そのうえ三河守知度《とものり》・備中守師盛・薩摩守忠度・上総介忠清などと、平氏一門およびその家人がその受領であったことの確実な国々は、一三か国に達する。先の知行国と合計すれば、実に二八か国となり、平氏一門はまさしく、全国の国司（受領）の半ば近くを、その手中に収めていたこととなる。独裁的政権をつくりあげた平氏は、これらの国衙機構を通して諸国をおさえ、全国支配を果たそうとしていたものに相異ない。

こうして平氏が多くの知行国や受領を一門の手に集中したことは、平氏が旧来の国司制度によって全国支配を強化しようとした事実を物語っている。平氏政権のもとでの地方政治は、全国支配のための新しい組織によるものではなく、従来の律令的組織のうえに運営されたのである。また清盛は、すでに述べたように、その所領の拡大に努力したが、その方法はたんに荘園の領有権を獲得することを主としていた。それは京都貴族たちの所領領有と同形態のもので地方の在地領主＝武士を直接に支配し、そこに新しい領地を領有しようとする体制ではなかった。

もちろん、平氏政権の地方支配にまったく新しいものがなかったわけではない。のちの鎌倉幕府における地頭制度の原型ともなるべき地頭補任《ぶにん》の形態もみられる。たとえば平氏の家領のなかに、その家人を地頭と名づけて補置することもあり、また平氏領以外の荘園や、国司の支配下にある公領にも、平氏家人を「私の芳志として」地頭に定め補することもあった。地頭を補置するということは、地頭となる家人に、一定の土地からの収益権を与えることであって、いわば家人に対する所領の分配である。そこから封建的関係の芽が生ずることはいうまでもない。しかし平氏の場合、この地頭制度は一般化したものではなかった。地頭に補された家人は、ごく限られた家人・郎等であったし、またこの地頭は「朝恩」すなわち国家権力者＝政府から任命される公的な恩恵によるものではなく、あくまでも平氏による私的なものであったのである。

このように平氏政権のもとでは、荘園も公領も従来の摂関政治や院政のもとにおけるものと、ほとんど変化のない状態におかれていた。平氏の全国支配も国司制度に拠《よ》るところが大きく、それでは地方の新興階級たる在地武士を広汎に組織できなかった。したがって平氏政権は、この時代の社会経済の発展にともなう新しい動きに、十分に応えるだけの体制とはならず、その経済的基礎も、それまでの貴族の政権となんら異ならなかった。平氏はその点でもまさに貴族化してしまっていた。こうしたところに、平氏政権がきわめて不安定で、脆弱《ぜいじゃく》性をもっていた理由が見出される。そしてそのことの原因は、清盛が武士階級の出身でありながら、その政治権力を高める過程において、公卿の世界に没入したところにあったが、そこには、歴史の発展のうえでの時代的制約と、その制約に操られた清盛個人における性格的な限界があったように思う。

それはともあれ、ここに確立した平氏政権は、やがて起こる全国的内乱状態のなかで、苦闘をつづけ、やがて寿永二年（一一八三）七月の平氏の都落ちに至るまで、中央の政権として存続した。政権としてはきわめて短い生命ではあったが、古代末期の政治的激動期において、さまざまな歴史的意義を内包する政権であった。

平氏の孤立と清盛の死

❖平氏政権への反抗

清盛による独裁政治がはじまったころ、京都の貴族たちの間では反平氏感情が高まったが、平氏の力の前に沈黙していた。次に問題なのは寺院勢力である。清盛はクーデターの直後、明雲を天台座主に復して、延暦寺との提携強化をはかった。これは巧みな政略であったが延暦寺の内部で堂衆の力が伸びてきた現在、以前ほどの効果はなかった。しかし寺院勢力は、大寺院相互の間で相反目することが多く、これが結集しないかぎり、反平氏の大きな勢力とはなりえない。そして個々の大寺院がいくら離反しても、貴族勢力の場合と同様に、清盛の武力で相手を倒すことができた。ところが平氏にとってもっとも恐ろしいのは、かつて平氏を棟梁として、これに期待をかけていた地方武士たちが離反して、一つの反平氏勢力となることであった。そしてその形勢はすでに進行していたのである。

京都政界に進出した平氏が貴族化の道をすすんだことは、かつて武将として名をあげた平氏一門に、武士の棟梁たる本来の姿を失わせ、地方武士の離反をすすめてきた。地方武士は、表面上は平氏の支配に従う姿をとりながらも、機会さえあればいつでも独自の判断によって行動するだけの政治性を育てあげていたし、また平氏が自分たちの利害を代表しえない存在になりつつあることも感じていた。ただこれらの地方武士勢力を再組織するだけの権威と力とをもつものが存在しないために、大きく反平氏勢力として結集されることがなかっただけである。彼らは消極的に、また個別的に、平氏や古代的な貴族政権の支配に抵抗し、在地における独立性を高めて、年貢の未進や押領などを行うにとどまっていた。しかしこの地方武士の間で平氏への反抗の気運がしだいに高まってきたのも事実である。中央においてこそ独裁的権力を振るいえた平氏であるが、地方の勢力を完全に組織化することは、いまやまったく不可能であり、すでに組織したものも内部から崩れる危機をはらんでいた。これらのことは、すでに地方において、反平氏の勢力が組織される条件が生まれ、成就しつつあったことを示すのである。

清盛が政権を独占したころ、辺境の地ではときに武力によって国司に反抗するといった事件も起こりはじめた。それは国家の支配に対する抵抗である。だから、たんに平氏政権に反抗するというより、今や平氏がその中枢に位置したところの古代国家の体制に対する反抗であった。しかし平氏としては、そうした遠隔地の支配の動揺に関心を向けるより、京都の周辺に根強く息吹いている反平氏の動きに備えることのほうが重要であった。地方政治が乱れ、全国的内乱の様相がみえはじめても、平氏にとっては、まず独占した政権の座をなんとかして守り抜くことが問題であった。当時の清盛の動きには、地方政治全体に関心を向けたような痕跡はまったく認められない。

また必ずしも平氏の政権独占を喜ばない京都の旧貴族たちにとっても、都の安泰と、貴族政治の存続、そして自己の身分の保全とが最大の関心事である。遠い地方の治安より、彼らの直接の対立者である寺院勢力の動きをこそ心配していた。その意味では平氏と利害が一致し、平氏によって貴族政治の存続がはかられることを期待し、平氏があくまでも外部勢力に抵抗して、都を守ることを希望していた。

ところが、清盛や京都貴族たちがもっとも恐れた寺院勢力の動きが、実際には地方各地の在地勢力の組織化につながる、全国的な内乱を誘発する起爆薬となった。すなわち反平氏勢力の結集が、まず有力寺院の衆徒たちの手によって、地方武士勢力を巻きこみながらすすめられていったのである。衆徒たちの動きは、具体的には、治承四年(一一八〇)二月に、高倉天皇が上皇になって最初の社参を厳島神社で行うと発表したことにはじまる。慣例では上皇の最初の社参は、石清水八幡宮・賀茂社・春日社・日吉社のいずれかであったが、異例の厳島社としたのは、もちろん、清盛の強要であり、上皇も法皇を幽閉から救い出すため、清盛の心を和らげ

三井寺（園城寺）と比叡山

ようと、その意志に従ったまでであった。

しかし先例を破ったこの社参には反対の声が高まった。そして三月にその社参が強行されようとする直前に、園城寺の大衆が蜂起し、延暦寺・興福寺の大衆に呼びかけ、従来の行きがかりを捨てて団結に成功し、また近江国をはじめ、京都周辺の武士たちをも相語らって、後白河法皇と高倉上皇を奪回することを企てた。

この企ては失敗に終わり、上皇の厳島社参はものものしい警備のなかで実行されたが、これを機会に、これまで争いを繰り返していた寺院勢力の連合が果たされたことの意味は大きかった。結集した衆徒たちは反平氏の一大勢力として平氏政権の前面にあらわれたのである。

園城寺以下の動きをみて、清盛も情勢の緊迫を知った。その後はさらに厳重に鳥羽殿や高倉上皇の御所を警戒しはじめた。

❖以仁王の挙兵

高倉上皇が厳島社参から帰京した四月九日、以仁王《もちひとおう》の名による平氏討伐の檄文《げきぶん》が諸国源氏の間に発せられていた。もちろん清盛はまだそのことを知らなかったが、秘密のうちに平氏討滅の謀議が、園城寺以下の衆徒によってすすめられていたのである。彼らは後白河法皇の皇子以仁王にすすめ、また多田源氏の頼政・仲綱父子らと語らって平氏打倒を企て、このとき衆徒たちの発案により王の令旨が諸国源氏に発せられ、源為義の末子で当時熊野にひそんでいた十郎行家が、これをひそかに諸国に伝えたという。以仁王とは後白河法皇の第二皇子で、三条高倉に住んで高倉宮と呼ばれたが、親王宣下もなく不遇のうちに三〇年の歳月を送った皇子である。

王の令旨は四月の末、熊野にも伝えられたが、ここでは平氏方と以仁王方とに分かれて合戦があり、敗れた平氏方が、仔細を六波羅に注進した。ここではじめて平氏討伐の計画のあることを知った清盛は、直ちに上京し、五月一五日に以仁王の配流を決して、三条高倉に兵をさしむけ、以仁王を逮捕させせた。しかし頼政の内報によって計画の漏れたことを知った以仁王は、ひと足先に逃れて園城寺にはいった。園城寺は延暦寺・興福寺などとの同盟をかため、また近江の在地武士と協力して、平氏に抵抗する気勢を示した。

それで清盛は園城寺に攻撃をかけることとなり、二一日に命令を発し、二三日を進発の日と

以仁王

定めた。以仁王が園城寺に逃れてから一週間もたつが、大規模な攻撃軍の発向にはそれだけの準備を必要としたのである。このときの攻撃軍の大将は、重盛の死によって嫡子の地位に就いた宗盛をはじめ、頼盛・教盛・経盛・知盛・重衡・維盛・資盛・清綱など平氏一門のおもな人々を網羅《もうら》する堂々たるものであった。また計画では源頼政までが攻撃軍に加えられていた。清盛はよほど頼政を信用していたのか、この頼政の離叛を夢想だにしなかった。諜報活動の盲点であったともいえよう。

　その頼政は二一日の夜半、子息たちと兵を率いて園城寺にはいり、また同じころ、延暦寺の衆徒三百余人がこれに加わった。そして興福寺の大衆も呼応して上洛せんとしているとの情勢も伝わった。このころ、九条兼実は以仁王を擁した園城寺の意気さかんなさまを聞いて、「彼（平氏）の一門、其の運滅尽するの期歟」と平氏の運命を予見したりしている。寺院勢力の圧力がひしひしと都にせまってきた感があった。そのころ、平

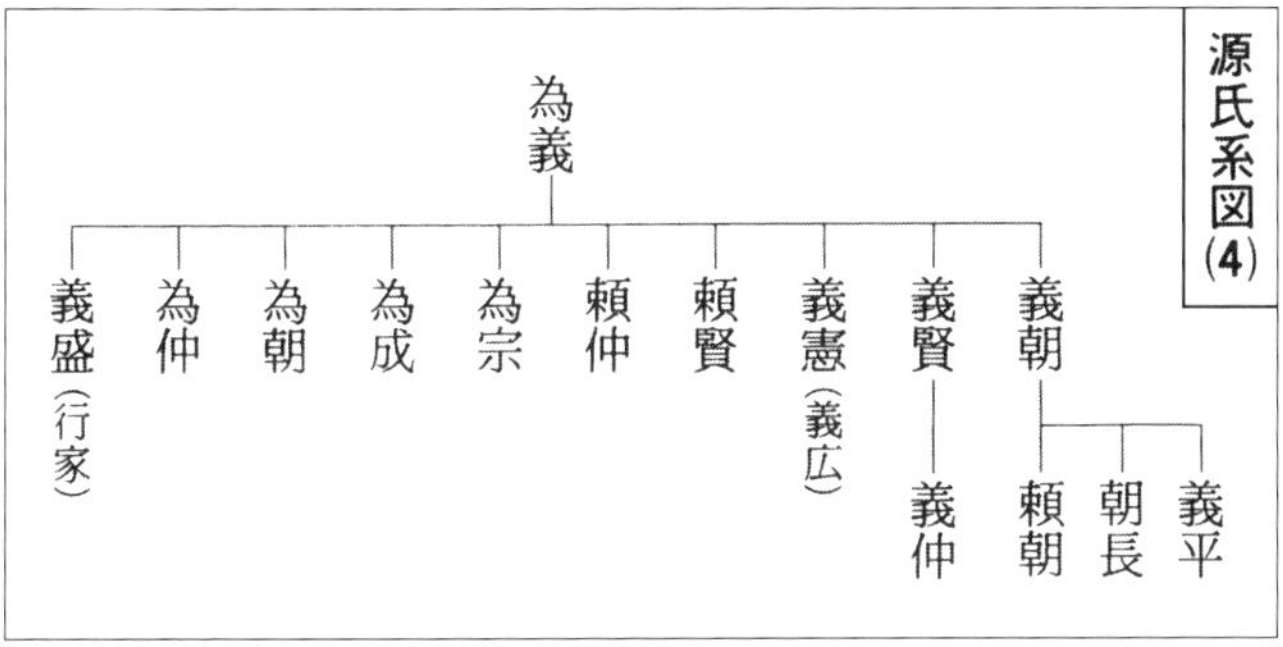

氏一門の六波羅の邸などでは、家中の雑物を運び出し、婦女子を避難させるなど、万一の時の準備をはじめていた。

しかし頼政のほうにも作戦の齟齬《そご》があった。予想より早く計画が発覚し、平氏が軍事行動を起こしたため、予定どおりに畿内《きない》近国の源氏を糾《きゅう》合《ごう》するいとまもなく、また衆徒たちの共同の行動の足なみもそろわなかった。そして園城寺には平氏の大軍を迎え撃つに足りる兵力が集まらなかった。

そこで平氏軍が園城寺攻撃をはじめると、以仁王・頼政らは、二五日の夜、ひそかに園城寺を脱出して南都に向かった。しかしこれを知った平氏の軍勢三百余騎が追撃し、ついに宇治平等院の付近で敗死させた。

こうして以仁王の挙兵は、数日で鎮圧することができたが、清盛には寺院勢力を中心とする情勢がいよいよ悪化し、平氏の孤立が痛感された。そこで清盛は寺院勢力に断固たる強圧策をとることとし、この事件に関係した寺院勢力に対する報復に乗り出した。まず策動の中心であった園城寺に対しては、その荘園を没収し、座主円恵法親王の罷免、僧綱（寺院の役職）の解任を行った。また謀略に応じた興福寺に対しては逆徒を

宇治橋の戦い（小堀鞆音筆）

搦《から》め出させ、のちに僧綱を解任し、荘園を没収した。このとき清盛は興福寺の討伐を考えたが、九条兼実以下藤原氏一門の強い反対にあって、ようやく思いとどまった。この興福寺を敵視することによって、清盛は公卿の多くを占める藤原氏一門からも孤立しなければならなくなった。

❖福原遷都

しかし、以仁王の挙兵を鎮圧した清盛は、これが源平内乱の幕開きであるとは自覚せず、その独裁はまったくたじろがなかった。ここで当然強い反対があると思われた福原遷都を強行したのも、清盛の自信の強さを示している。

以仁王が敗死した四日後、清盛がうち出した寺院勢力への報復措置がまだ完全に実行されていないうちに、早くも次の手をうって、遷都のことを発表した。そして六月二日にはあわただしく安徳天皇をはじめ、後白河法皇・高倉上皇の遷幸があり、そして公卿たちの多くが京都を離れて福原に移った。

この福原遷都の理由については、諸説があって一定しないが、清盛自身は、ただ「天下を鎮静する」ためと言うのみである。以仁王の挙兵をみて、寺院勢力とくに南都（興福寺を中心とする奈良付近の寺院）の勢力の侮りがたいのを知った清盛が、戦略的にその影響の少ない土地に都を移したとの説もあり、また旧勢力や以仁王の余党の脅威を避けたとの説もある。この遷都の発表が以仁王の事件となんらかの意味で関係のあることは否定できない。そのためのあわただしい遷幸であったにちがいない。しかし遷都の構想は、すでに以前からあったものと思う。それにしては遷都のための準備が少しもすすんでいなかったのはなぜかという疑問も残るが、私は清盛が後白河法皇との対立を自覚し、公然と法皇の権力と対抗しようとした時点、それは鹿ケ谷事件のころからであろうが、その時期から都としての京都を捨てる考えがあったものと考える。そして清盛のクーデター以後、彼が軍事政権をつくりあげる過程において、清盛は旧貴族たちの誇る牙城であり、伝統と因習と、そして古い権威と歴史に汚染されている京の都を捨て去る必要を痛感しはじめたのではなかろうか。後白河院政を打倒した清盛は、さらに院政を生みだした古代的な貴族社会をも否定して、独自の独裁政権を育てあげようとした。天皇の権威そのものを否定しえない清盛であっても、天皇をとりまく堕落した貴族層と、その貴族たちの背後にある大寺院の、古い伝統的権威に支えられた陰険な行動には強い憎悪を感じ、彼らの活躍の舞台である古い都を否定したかったのではなかろうか。

京の都は、たしかに貴族たちにとっては、離れがたい愛着をもつ砦であった。それは貴族たちの政治的立場の温床であり、貴族の文化の象徴でもある。遷都を喜ぶはずがない。それを清盛の独裁権力が強行したのである。この遷都について右大臣兼実などは、「ただ天魔、朝家を滅さんと謀る、悲しむべし」と強い反対の意志をもちながらも、結局は「形勢に随うべき世」と力なく大勢に順応せざるをえなかったことを示しているのである。

ところで、はじめあわただしく福原に遷幸した天皇・法皇・上皇であるが、福原にはまだ皇居の準備もなかった。そこで天皇は頼盛の邸、上皇は清盛の別荘、法皇は教盛邸を仮の宿所とし、摂政基通は安楽寺別当安能の房にはいった。そして遅ればせながら新都の経営の準備がはじめられる状態であった。

しかしこの福原遷都は、清盛の「天下を鎮静する」という期待をまったく裏切るものであった。遷都は一面では叡山の大衆からの退却を意味した。ところがその叡山も、この遷都に対して猛烈な反対を表明した。そのうえ、貴族たちの反撃も猛烈で、清盛に対する非難はいよいよ高まるばかりとなった。

福原の地の新都経営計画が最終的に確定したのは、七月一六日であったが、それから一か月もたたないうちに、時忠や宗盛など一門の人々さえ、京都に帰ることを主張する始末であった。

❖四面楚歌

清盛が福原の新都造営に頭を悩ましている間に、他方では大きく情勢が動いていた。反平氏の勢力が各地において組織されはじめたのである。このわずか数か月の間に、先の「以仁王の令旨」はしだいに効果をあらわしはじめた。やがて反平氏の軍事行動が、源氏の蜂起というかたちで、全国的に広がり、全国的な内乱状態が現出するのである。

この年の八月一七日、東国の伊豆で、源頼朝が源家再興の旗上げをした。このことは、九月のはじめに京都に伝えられ、人々を驚愕させた。しかし東国に挙兵したのは頼朝ばかりではない。東国各地の源氏が挙兵して独自の行動をとりはじめた混沌たる情勢となっていた。すなわち九月七日には源義仲が木曾に挙兵し、九月一〇日には甲斐源氏の武田信義・一条忠頼らが兵をあげたのである。

東国ばかりではない。九月七日には熊野別当湛増が反平氏の行動を起こし、さらに一九日になると筑紫でも反平氏の動きがはじまったとの情報がはいった。いまや平氏の地盤であった西国にも叛逆者があらわれたのである。まさに全国的内乱の様相がみえてきた。

ところで頼朝の挙兵のことを知った清盛は、九月五日に、頼朝追討の宣旨を受けて、大規模な追討軍を派遣することとした。大将軍は平維盛・忠度・知度である。しかしこの追討使は決定ののち二〇日以上もたってから京都を進発するなど、はじめからその士気はあがらなかった。そしてこの追討の平氏軍は、一〇月二〇日、富士川を挟んで頼朝の東国軍と対陣したが、水鳥の羽音に驚いて戦わずに潰走してしまった。いわゆる富士川の対陣である。敗走した平氏軍は、陣形をふたたび整えることもできず、無統制のまま京都に逃れ帰った。まず入京した知度は二十余騎を従えるのみであり、ついで維盛が十騎を従えて京に帰った。一一月五日のことである。この敗走のことを聞いた清盛は大いに怒り、「追討使を命ぜられた勇士が、なすことなく帰洛するなどは、前代未聞のことだ。このようなことでもし京都にはいっても、誰に会わす顔があろう。平家の恥、自分の恥を世に残すものだ。はやく途中で行方をくらますべきで、入京などとんでもないことだ」と維盛以下をなじったという。そこには清盛の意地もみえるが、この敗走の事実が、新興の勢力の前にその無力をさらけ出した平氏の現実の姿であった。

伝・源頼朝（神護寺蔵）

そして平氏の追討軍の壊滅は、畿内近国の反平氏勢力を大いに力づけた。一一月一七日美濃源氏の活動が伝えられ、二一日には山本義経・柏木義兼らの近江源氏が近江一国をおさえ、京都に乱入するという噂まで流れた。

この情報を得た九条兼実は、日記に、「今になって追討使の沙汰もなく、清盛は自若として少しも驚いた様子もない。まるで酒によったようだ、おおかた平家の運も終わりになったのだろう」と書いている。実際にこの時期の平氏は、富士川合戦の痛手のためか、なんらなすところなく、近江・美濃の叛乱を見守っていた。

そのころ、清盛は福原遷都に対する延暦寺や貴族たちの強い反対に抗しかね、また四囲の情勢の不利をみて、ついに遷都を決意した。そして一一月二六日、清盛は天皇以下を奉って京都へ帰った。しかしこの時期にきて、延暦寺の堂衆は、近江の叛乱勢力に加わってしまった。また平経盛の知行国若狭の有力な在庁官人も近江の賊徒に応ずるという事態も起こった。そして園城寺は近江源氏の拠点となりつつあった。京都もいよいよ騒然としてきて、六波羅あたりの武士の動きはあわただしくなった。

一二月のはじめ、ようやく平氏の反撃態勢が整い、平氏は大規模な源氏追討軍を編成し、近江・伊勢・伊賀の三手に分けて発進させた。とくに近江路に向かった平知盛の軍は近江の源氏軍を破ってこれを美濃国に追い落とすなど、はじめはかなり優勢であったが、やがて美濃源氏の反撃にあったり、また延暦寺堂衆や園城寺の動きに背後をおびやかされ、さらに近江の在地武士のゲリラ的活動の前に、この方面の平氏軍はその応対に疲れ、しだいに勢力を弱めていった。また延暦寺堂衆に呼応する興福寺大衆の動きも無気味であった。平氏としてはこの方面にも手を打たねばならない。

こうしてついに一二月一八日に至り、清盛は後白河法皇の幽閉を解いて、ふたたび政務をとることを懇請し、讃岐・美濃を法皇の知行国として献じた。清盛は政権を法皇に返して、その全精力を軍事に注ぎ、反平氏勢力の討伐に専念することとしたのである。

こうして一二月末に、清盛は、平重衡を南都討伐の大将軍として進発させた。重衡は二七日に、気勢をあげる南都の衆徒に対して、河内路と山城路から一気に攻撃をかけ、二八日の夜にかけて決戦を挑んだ。衆徒側も大軍を集めてはなばなしく防戦したが、重衡の軍が火を放ったため、興福寺・東大寺以下の堂宇・坊舎のことごとくが紅蓮《ぐれん》につつまれ、そのなかで衆徒二百余人が戦死して、敗れ去った。

重衡の南都攻撃は成功したわけであるが、この焼き打ち事件の影響は大きかった。これによって寺院勢力は完全に平氏に敵対する結果となったのである。彼らは平氏に「仏敵」の汚名をきせて、徹底的に敵対する態度を明らかにした。またそればかりでなく、この南都焼き打ちは、京都貴族たちからはまったくの「暴挙」とされ、彼らの心を平氏からさらに離反させる原因となったのである。

こうして清盛は四面楚歌のなかで、仏敵の汚名まで受けるに至った。

❖独裁者の余執

こうした情勢のもとで治承四年は暮れ、新しい年を迎えた。平氏はその支配を強化するための新しい体制を考え、まず正月一六日には、畿内諸国および近江・伊賀・伊勢・丹波の国司に武勇の者を任じ、そのうえに彼らの統轄に任ずる総管をおいた。これは平氏の最終的な地盤となるべき地域に軍政をしいたことを意味する。次いで二月八日には平盛俊を丹波国諸荘園総下司に任命し、軍政下の兵粮米《ひょうろうまい》の確保を狙った方策をとった

ところが、これらの対策の効果もわからないうちに、清盛は二月の末ごろから、激しい熱病を患った。この熱病に関しては、江戸時代の川柳にまで、「清盛の医者は裸で脈をとり」などと、その題材にされたほど有名な話であるが、多くの俗説はほとんど信用できない。『平家物語』には「比叡山の千手井《せんじゅい》の水を石の水槽にみたし、そのなかにからだをしずめると、熱のために水がすぐに湯となってしまう」とある。千手井というのは叡山の東塔西谷千手堂の傍の泉で、冷たく水量豊富なことで有名であるが、この説話もどこまで信じてよいかわからない。『玉葉』によれば「頭風を病む」とあり、藤原定家の『明月記』には「動熱悶絶」とみえる。また『大乗院古日記残闕』にははじめ「頭風発気」し、やがて「熱が出てきて、それ以来、体内は焦げるようになり、雪を器に盛って頭上に置くと、それがとけてたちまち湯になってしま

東大寺南大門

う」といった説明がある。いずれにしても非常な高熱と頭痛に悩まされる病気であったことは疑いない。そして閏《うるう》二月五日、ついに回復をみず死去した。ときに清盛六四歳であった。

こうして清盛はその多彩な人生を終わったのであるが、死期の近いことを知った清盛は、法皇に使いを送って、「私の死後は、万事宗盛に仰せつけられ、宗盛と御相談のうえ、お取り計らい下さいますように」と申し入れたが確答がなかった。法皇はこのとき、清盛の危篤と知って、この機会に宗盛を討って平氏に最後のとどめを刺そうとしたが、法皇の手もとに適当な武力もなかったので不発に終わったという。もしこれが事実ならば、法皇の平氏に対する憎しみがいかに大きかったかが知られよう。

また清盛の死を聞いた兼実は、すぐに弔問の使いを出しながら、その日記には、清盛の罪悪として、去々年の上皇幽閉事件、去年の南都攻撃をあげ、「本来ならば戦場に骸《むくろ》をさらすべきであるのに、弓矢刀剣の難をまぬかれて病床に死んだのは運のよいことだ。しかし神罰冥罰はこれから起こるだろう」と書いている。これもかなり厳しい。清盛は臨終に際して、これほど憎まれる存在となってしまっていた。

そして当の本人の臨終の態度はどうであったか。『平家物語』によると、高熱に苦しみながらも、最後まで毅然として、「私のために追善供養をする必要はない。頼朝の首を墓前に供えるのを供養と思え」と遺言したという。また『吾妻鏡』では、その遺言は、「三日以後に葬儀をすべし。遺骨は播磨国の山田法花堂に納め、七日ごとに形のごとく仏事を修せよ。毎《つね》に仏事をしてはならない。また京都で追善供養をしてはならない。それよりも子孫たちは、東国の状態が以前に戻るように努めよ」となっている。いずれが真実に近いかはわからない。

いずれにせよ死後に大きな余執を残した様子がうかがわれる。それは弥陀の来迎を待ち、心静かに死んでいく貴族社会の往生の理想像とは、まったく趣をことにする。彼にとっては、反平氏の叛乱を打ち破り、とくにかつて恩恵を施して助命した頼朝の叛逆を武力によって制裁し、平氏政権の将来の安定をみることだけが望みであった。それをみなければ死ぬに死ねない心境であったであろう。しかし死期の近づいたことは十分覚悟して、その死に毅然として立ち向かいながら、また肉体の苦痛に耐えながら、やはり後に残す執念を示したかったのであろう。その余執はまさに武断的な独裁者の死にふさわしいものであったというべきであろう。

平清盛年譜

西暦	日本暦	年齢	年譜	社会的できごと	天皇	院	摂関
一一一八	元永元	一	平忠盛の長男として出生。		鳥羽	白河	忠実
一九	二	二	五月、祖父正盛、京中の強盗を逮捕。一二月、同正盛、鎮西の賊平直澄を誅して帰京。				
二〇	保安元	三		八月、興福寺僧徒が嗷訴。			
二一	二	四		五～閏五月、園城寺・延暦寺の両僧徒が闘乱。			忠通
二三	四	六	七月、父忠盛、源為義とともに延暦寺僧兵の入京を阻止。	八月、園城寺・延暦寺の両僧徒が争闘。	崇徳		
二九	大治四	一二	一月、従五位下に叙し、左兵衛佐に任ず。三月、父忠盛、山陽・南海両道の海賊を追捕。	一一月、源為義が興福寺僧徒の騒擾を鎮圧。		鳥羽	
三一	天承元	一四	一月、従五位上に叙す。				
三二	長承元	一五	三月、父忠盛、得長寿院造営の功により内昇殿を許される。				
一一三三	二	一六	八月、父忠盛、院宣と称して宋商船の貨物を没収。	七月、延暦寺僧徒が争乱。			
三五	保延元	一八	一月、正五位下に叙す。四月、父忠盛、海賊追討使となり、六月、賊首を捕える。八月、父忠盛の功により従四位下に叙す。				

三六	二	一九	四月、中務大輔に任ず。	二月、興福寺僧徒が嗷訴。
三七	三	二〇	一月、熊野本宮造進の功により肥後守を兼任。	四月、延暦寺衆徒が嗷訴。
三八	四	二一		
三九	五	二二	三月、父忠盛、興福寺僧徒の入京を宇治・淀に防ぐ。	
四〇	六	二三	一一月、中宮行啓賞として従四位上に叙す。	閏五月、筑前大山・香椎・筥崎の僧徒・神人が大宰府数十家を焼く。一二月、高野山の衆徒、大伝法院覚鑁を放逐。
四一	永治元	二四		一二月、崇徳天皇、鳥羽法皇の意により体仁親王（三歳、母美福門院藤原得子）に譲位。
四二	康治元	二五		三月、園城寺僧徒、延暦寺を襲い、その堂宇を焼く。
一一四三	康治二	二六		六月、源為義、摂政忠通の弟頼長に臣従。
四五	久安元	二八		四月、藤原忠実、秘記を次男内大臣頼長に贈る。
四六	二	二九	二月、朝覲行幸賞として正四位下に叙す。また安芸守に任ず。	
四七	三	三〇	六月、清盛の従者、祇園社神人と闘う。延暦寺の僧徒、忠盛・清盛父子の流罪を嗷訴。七月、贖銅三〇斤を課せられる。	
四八	四	三一		七月、忠実、荘園一八処を頼長に譲与。
五〇	六	三三		九月、忠実、左大臣頼長を氏長者となす。

崇　徳 ―― 近　衛

鳥　羽

忠　通

五一	仁平元	三四		一月、頼長、内覧となる。九月、関白忠通、弟頼長の異心を鳥羽法皇に讒言。
五三	三	三六	一月、父忠盛死去（五八歳）。	九月、延暦寺僧徒が嗷訴。
一一五四	久寿元	三七		一一月、源為朝の乱行により父右衛門尉為義、解官。
五五	二	三八		七月、近衛天皇死去。八月、源義朝長男義平、叔父義賢を武蔵国大倉に殺害。
五六	保元元	三九	七月、保元の乱の勲功賞として安芸守より播磨守に遷任。	七月、鳥羽法皇死去。保元の乱おこる。
五八	三	四一	八月、大宰大弐に任ず。	八月、後白河上皇、院政再開。
五九	平治元	四二	二月、白河千体阿弥陀堂を造立。一二月、熊野参詣。源義朝・藤原信頼の挙兵を知り、急ぎ帰京、信頼を討つ（平治の乱）。	一二月、平治の乱おこる。
六〇	永暦元	四三	六月、正三位に叙す。八月、参議に任ず。安芸厳島。九月、右衛門督に任ず。一二月、大宰大弐を辞す。	一月、源義朝、尾張で誅殺される。二月、義朝三男頼朝、伊豆に配流。
六一	応保元	四四	一月、近江権守・検非違使別当に任ず。九月、権中納言に任ず。弟教盛・義兄時忠、憲仁親王（のちの高倉天皇）立太子のことに連坐して解官。	
一一六二	応保二	四五	三月、次男基盛死去。四月、皇太后宮権大夫を兼任。八月、従二位に叙す。一〇月、右衛門督・検非違使別当を辞す。	六月、呪咀の罪により後白河上皇の近臣源資賢、配流。
六三	長寛元	四六	一月、長男重盛、従三位に叙し、非参議に列	三～六月、延暦寺、園城寺と争う。

近衛 ― 後白河 ― 二条

鳥羽 ― 後白河

忠通 ― 基実

			す。	
六四	二	四七	九月、一族とともに法華経を書写し、安芸厳島社に奉納。一二月、後白河上皇の命により蓮華王院（三十三間堂）を造営。この月、供養。	
六五	永万元	四八	一月、兵部卿を兼任。八月、権大納言に任ず。	八月、延暦寺・興福寺、二条天皇葬送の儀につき闘争。
六六	仁安元	四九	六月、正二位に叙す。一〇月、春宮大夫に任ず。一一月、内大臣に任ず。	
六七	二	五〇	二月、太政大臣従一位となる。五月、太政大臣を辞す。長男重盛、諸道の海賊を追捕。八月、播磨・肥前・肥後の大功田を与えられる。	
六八	三	五一	二月、病により出家。法名清蓮（のち浄海）。この年、安芸厳島社を修築。	一月、高野山、根来寺僧徒と闘争。
一一六九	嘉応元	五二		一二月、延暦寺僧徒が嗷訴。
七〇	二	五三	九月、後白河法皇、清盛の摂津福原山荘に御幸。七～一〇月、長男重盛、摂政基房と争う。	五月、藤原秀衡、鎮守府将軍となる。
七一	承安元	五四	一二月、女徳子が入内。	
七二	二	五五	四月、弟頼盛とともに法華経を書写し、安芸厳島社に奉納。九月、宋の明州刺史より贈物を受ける。一二月、長男重盛の家人、春日社神人を殺害。よって興福寺衆徒が蜂起。	八月、延暦寺僧徒、祇陀林寺を襲う。
七三	三	五六	三月、後白河法皇の命により、宋に返牒を送る。一一月、長男重盛、興福寺僧徒の入京を宇治に防ぐ。この年、摂津兵庫島を築く。	六月、興福寺僧徒、多武峯を焼く。

二条 ― 六条 ― 高倉

後白河

基実 ― 基房

七四	四	五七	三月、後白河法皇、清盛の福原別業に御幸。次いで厳島社に参詣、清盛ら平氏一門これに従う。	
七五	安元元	五八		この春、源空（法然上人）が専修念仏を唱える。
七六	二	五九	七月、義妹建春門院平滋子死去（三五歳）。	
一一七七	治承元	六〇	六月、鹿ケ谷陰謀事件。	四月、延暦寺衆徒が嗷訴。五月、前天台座主明雲、伊豆に配流。延暦寺僧徒、明雲を粟津に奪還。
七八	二	六一	一〇月、後白河法皇の命により、延暦寺の学徒を助け、堂衆を討つ。	九月、延暦寺堂衆、学徒と闘う。
七九	三	六二	六月、女盛子（藤原基実室）死去（二四歳）。後白河法皇、盛子の遺領を没収。七月、長男重盛死去（四二歳）。後白河法皇、重盛の知行国越前国を収公。一一月、クーデターを敢行して、後白河法皇を鳥羽殿に幽閉し、その院政を停む。一二月、宋版太平御覧を春宮（のちの安徳天皇）に献ず。	一〇月、清盛の弟教盛、延暦寺堂衆を討つ。
八〇	四	六三	五月、以仁王・源三位頼政の挙兵。六月、福原遷都。八月、源頼朝、伊豆に挙兵。九月、源義仲、信濃に挙兵。一〇月、富士川の対陣。平氏の源氏追討軍、敗走。一一月、京都に還都。一二月　後白河法皇に院政を請う。南都焼き打ち。	
一一八一	養和元	六四	一月、三男宗盛、五畿内・伊賀・伊勢・近	

高倉 ― 安徳

後白河 ― 高倉

基房 ― 基通

西暦	年号		事項	一般事項	天皇	院	摂関
			江・丹波諸国の総管となる。閏二月四日、死去。	三月、墨俣河の戦い。八～一〇月、平通盛・同維盛ら北陸で源義仲と戦う。	安徳	後白河	基通
八二	寿永元			二月、平教盛、源義仲追討のため北陸へ下る。この年、諸国大飢饉。			
八三	二			五月、倶利伽羅峠の戦い。六月、平氏都落ち。源義仲入京。一一月、源義仲のクーデター。	後鳥羽		師家
八四	元暦元			一月、源義仲、敗死。二月、一の谷の戦い。			基通
八五	文治元			二月、屋島の戦い。三月、壇ノ浦の戦い。平氏一門、滅亡。			

参考文献

「平清盛」（『日本歴史講座』二）　三宅長兵衛　河出書房　昭26
「平清盛抄」（「法政史学」21）　石塚　栄　法政大学史学会　昭44
『源氏と平氏』（「日本歴史新書」）　渡辺保　至文堂　昭30
『源平時代』　西岡虎之助　要書店　昭30
『武士の登場』（「日本の歴史」6）　竹内理三　中央公論社　昭40
『源平の争乱』（「グリーンベルト・シリーズ」84）　安田元久　筑摩書房　昭41
『平家の群像』（「塙新書」9）　安田元久　塙書房　昭42
『源平の相剋』（「国民の歴史」7）安田元久　文英堂　昭43
『源平の盛衰』（「日本歴史全集」6）　上横手雅敬　講談社　昭44
「平氏の台頭と院政　―平清盛の知行国把握をめぐって―」（「日本歴史」35）　有本　実　日本歴史学会　昭26
「平氏受領表」（『世界歴史辞典』22）　菊池武雄　平凡社　昭30
「六波羅時代」（『中世社会の研究』）　松本新八郎　東大出版会　昭31
「平氏政権とその没落」（『古代末期政治史序説』）　石母田　正　未来社　昭31
「地頭源流考」（「史窓」12）　上横手雅敬　京都女子大学史学会　昭32
「平氏政権の総管職設置」（「歴史評論」107）　石母田　正　民科歴史部会　昭34
「鎌倉幕府一国地頭職の成立」（『中世の法と国家』）　石母田　正　東大出版会　昭35

「平氏・鎌倉両政権下の安芸国衙」(「歴史学研究」257) 石井 進 歴史学研究会 昭36
「平氏時代の地頭」(『地頭及び地頭領主制の研究』) 安田元久 山川出版社 昭36
「平氏政権成立の諸条件」(「日本歴史」163) 竹内理三 日本歴史学会 昭37
「平氏政権と院政」(『岩波講座日本歴史』5中世Ⅰ) 竹内理三 岩波書店 昭37
「伊勢平氏の領主的性格」(「学習院史学」3) 飯田悠紀子 学習院大学史学会 昭41
「平氏政権論序説」(「日本史研究」90) 高田 実 日本史研究会 昭42
「平氏政権の形成過程」(「日本史研究」95) 田中文英 日本史研究会 昭43
「平氏時代の国衙支配形態をめぐる一考察」(「日本歴史」262) 飯田悠紀子 日本歴史学会 昭45

さくいん

新・人と歴史　拡大版　01

権勢《けんせい》の政治家《せいじか》　平 清盛《たいらのきよもり》

定価はカバーに表示

2017年３月30日　　初　版　第１刷発行

著　者　安田《やすだ》　元久《もとひさ》

発行者　渡部　哲治
印刷所　法規書籍印刷株式会社
発行所　株式会社　**清水書院**
〒102－0072
東京都千代田区飯田橋3－11－6
電話　03－5213－7151㈹
FAX　03－5213－7160
http://www.shimizushoin.co.jp

表紙・本文基本デザイン／ペニーレイン
乱丁・落丁本はお取り替えします。　ISBN978－4－389－44101－2